1日

5級の復習テスト(1)

読み

月　日

時間 20分【はやい15分・おそい25分】
合格 80点（一つ4点）
得点　点

1 ――線の漢字の読み方を書きなさい。

① 貯金する。
② 序章を読む。
③ 他国と条約を結ぶ。
④ プリントを配布する。
⑤ セーターを編む。
⑥ 証人を見つける。
⑦ 暗やみから現れる。
⑧ 原因を調べる。

2 ――線の漢字の読み方を書きなさい。

① 星の個数を本で確かめる。
② ねばり強い性質。
③ 寄付金を集める。
④ 校舎を建てかえる。
⑤ ぼくに任せてください。
⑥ 能力を高める。
⑦ 妻の手料理。
⑧ プリントを提出する。

3 ――線の漢字の読み方を書きなさい。

① 人工衛星の打ち上げ。
② さっと移動する。
③ 真実を告げる。
④ こちらに手招きする。
⑤ 主婦の意見を聞く。
⑥ 綿のような雲。
⑦ 細かいことは略す。
⑧ 苦しみを経て成長する。

5級の復習テスト(1) 書き

月 日	
時間 20分【はやい15分・おそい25分】	得点
合格 80点（一つ4点）	点

※(　　　)は送りがなも書きなさい。

1 次の漢字を書きなさい。

① 通学路を□□《おうふく》する。
② （　　）《ゆたか》に実る。
③ 書体を□□《とういつ》する。
④ 医者を（　　）《こころざす》。
⑤ □□《ひじょう》口から出る。
⑥ □□《ていか》が変わる。
⑦ 代案を（　　）《しめす》。
⑧ かれを□□《べんご》する。

2 次の漢字を書きなさい。

① エンジンを□□《てんけん》する。
② これは大□□《じけん》だ。
③ □□《かいとう》を□《りゃく》す。
④ （　　）《ふたたび》願い出る。
⑤ （　　）《あつい》本を読む。
⑥ うさぎを□□《しいく》する。
⑦ □□《げんいん》がわからない。
⑧ もう一度□□《ちょうさ》する。

3 次の漢字を書きなさい。

① はっきりと□□《しゅちょう》する。
② 化け物が□□《しゅつげん》する。
③ □□《ちょうかん》を読む。
④ 人口が□□《ぞうか》する。
⑤ 野球の□□《そしつ》がある。
⑥ 五年生の□□《へいきん》。
⑦ 公園にベンチを（　　）《もうける》。
⑧ 会社に□□《しょぞく》する。

月　日

2日　5級の復習テスト(2)　読み

時間 20分【はやい15分・おそい25分】
合格 80点（一つ4点）
得点　　点

1 ――線の漢字の読み方を書きなさい。

① 適切なものを選ぶ。
② 大雨で水量が増す。
③ もう少し厚みがほしい。
④ 検査の結果を聞く。
⑤ 来月刊行の予定です。
⑥ かれを議長に任命する。
⑦ 父は義理がたい人だ。
⑧ 余りが出ないように買う。

2 ――線の漢字の読み方を書きなさい。

① 再度、ていねいに断る。
② 圧力をかける。
③ わたしは飼育係だ。
④ ゼリー状に固まる。
⑤ 宝《たから》はきっとここに在る。
⑥ 多くの人が往来する。
⑦ 通行を許《きょ》可する。
⑧ となりの席に移る。

3 ――線の漢字の読み方を書きなさい。

① 墓地をそうじする。
② ガラスの破片《へん》。
③ 夫妻の乗った車。
④ 本を編集する。
⑤ 税金をおさめる。
⑥ 貧しいくらし。
⑦ 学校の伝統を守る。
⑧ 先生の指示にしたがう。

5級の復習テスト(2) 書き

月　日

時間 20分【はやい15分・おそい25分】	得点
合格 80点（一つ4点）	点

1 次の漢字を書きなさい。

① 人工□《えいせい》。

② 外国□《せいひん》を買う。

③ 荷物を上に（　　）《うつす》。

④ □《かんしゃ》の言葉を伝える。

⑤ （　　）《まずしい》くらし。

⑥ 変更《へんこう》は□《かのう》だ。

⑦ 今日、□《しゅじゅつ》を受ける。

⑧ 良い□《ほうこく》がある。

2 次の漢字を書きなさい。

① □《はくじょう》しなさい。

② □《つま》と旅行に行く。

③ ロープを（　　）《はる》。

④ □《せいど》を改める。

⑤ 植民地が□《どくりつ》する。

⑥ □《ぞうか》をかざる。

⑦ やさしい□《せい》格《かく》。

⑧ □《ざいこうせい》を代表する。

3 次の漢字を書きなさい。

① セーターを（　　）《あむ》。

② 帰りに店に（　　）《よる》。

③ □《けっぱく》を□《しょうめい》する。

④ 一□《こ》ずつ食べなさい。

⑤ 機械を□《せっけい》する。

⑥ □《ぎゃく》の方向に進む。

⑦ □《よび》に取っておく。

⑧ 同級生に□《さいかい》する。

5級の復習テスト(3)

読み

月　日

時間 20分【はやい15分・おそい25分】

合格 80点（一つ4点）

得点　点

1 ――線の漢字の読み方を書きなさい。

① 復路は歩いて帰る。
② 新しい機械を設置する。
③ この布はすぐに破れる。
④ おかしを均等に分ける。
⑤ 資料を見つける。
⑥ 新しい容器に入れる。
⑦ これは実際にあった話だ。
⑧ あなたの所属はどこですか。

2 ――線の漢字の読み方を書きなさい。

① 少し酸味が強い。
② 新しい制度を作る。
③ 質素な生活を送る。
④ 基本を身に付ける。
⑤ タンカーを造る。
⑥ 災害《さいがい》に備える。
⑦ 授業が始まる。
⑧ いい経験をした。

3 ――線の漢字の読み方を書きなさい。

① 今週中に報告する。
② 小判がほり出される。
③ 貧乏《ぼう》にたえる。
④ 清潔なハンカチ。
⑤ 正確に伝える。
⑥ 西洋の美術を学ぶ。
⑦ 養護の先生。
⑧ 食料が豊富にある。

5級の復習テスト(3)　書き

月　日

時間 20分【はやい15分・おそい25分】
合格 80点（一つ4点）
得点　点

1 次の漢字を書きなさい。

① □《はか》参りをする。
② かれの案に□□《さんせい》です。
③ 早く□□《ていしゅつ》しなさい。
④ □□□《びよういん》に行く。
⑤ □□□《しょうひぜい》をはらう。
⑥ かれは（　）《ひとり》よがりだ。
⑦ □□《しんけい》を使う仕事。
⑧ わが家に（　）《まねく》。

2 次の漢字を書きなさい。

① □□《ぎゅうしゃ》のそうじをする。
② 夫《ふう》□《ふ》の会話がはずむ。
③ 美しい□《ぬの》を（　）《おる》。
④ □□《せいぎ》の味方の登場。
⑤ 参加者が（　）《ふえる》。
⑥ 出場□《し》格《かく》がある。
⑦ さそいを（　）《ことわる》。
⑧ 外国と□□《じょうやく》を結ぶ。

3 次の漢字を書きなさい。

① アウトと□□《はんてい》する。
② かぜの悪化を（　）《ふせぐ》。
③ □《めん》の服を着る。
④ 決を（　）《とる》。
⑤ □□《がくれき》にこだわらない。
⑥ お金を□□《きふ》する。
⑦ 寺の□□《ほんどう》。
⑧ □□《てきとう》な品をさがす。

4日 導・情・境・史・災・益

1 導

画数 15

音 ドウ

訓 みちびく

部首 寸（すん）

意味 道案内をする。教える。通す。

・筆順どおりに書きなさい。

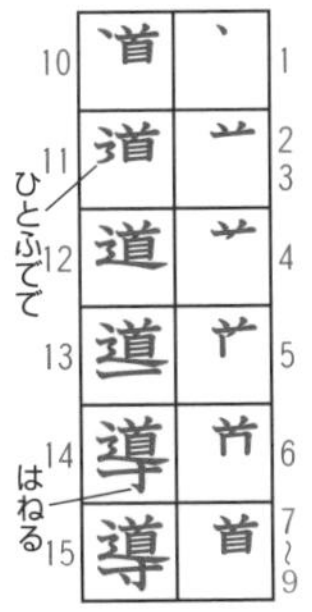

―線の漢字の読み方を書きなさい。

① 指導する。（　）
② 導入する。（　）
③ 席に導く。（　）
④ 導火線。（　）

2 情

画数 11

音 ジョウ・（セイ）

訓 なさけ

部首 忄（りっしんべん）

意味 ものに感じて心が動くはたらき。ありさま。おもむき。

・筆順どおりに書きなさい。

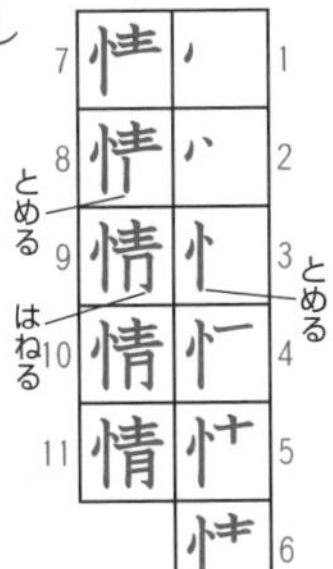

―線の漢字の読み方を書きなさい。

① 感情を表す。（　）
② 情け深い。（　）
③ 事情がある。（　）
④ 情熱。（　）

3 境

画数 14

音 キョウ・（ケイ）

訓 さかい

部首 土（つちへん）

意味 ものとものとの仕切り。ところ。場所。めぐりあわせ。

・筆順どおりに書きなさい。

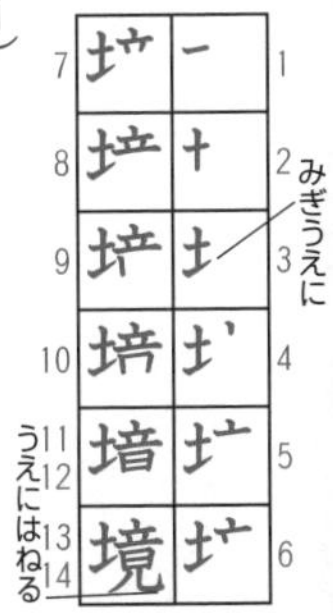

―線の漢字の読み方を書きなさい。

① 国境。（　）
② 境目。（　）
③ 心境を話す。（　）
④ 逆境。（　）

4 史

画数 5

音 シ

訓 ―

部首 口（くち）

意味 れきし（世の中やものごとのうつりかわり）。

・筆順どおりに書きなさい。

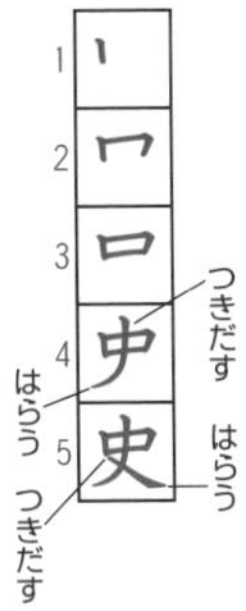

―線の漢字の読み方を書きなさい。

① 歴史。（　）
② 史上初。（　）
③ 世界史。（　）
④ 史実。（　）

5 災

画数 7

音 サイ

訓 （わざわい）

部首 火（ひ）

意味 自然に起こる悪いできごと。

・筆順どおりに書きなさい。

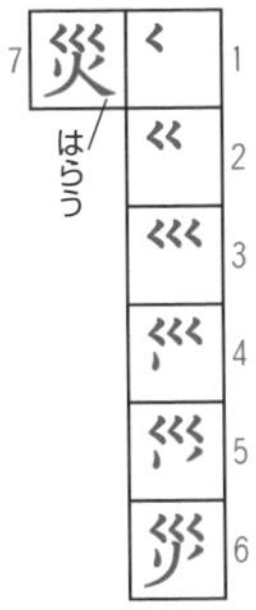

―線の漢字の読み方を書きなさい。

① 火災保険《ほけん》。（　）
② 防災訓練。（　）
③ 大雨で災害が起こる。（　）

6 益

画数 10

音 エキ・（ヤク）

訓 ―

部首 皿（さら）

意味 もうけ。ためになること。ふえる。

・筆順どおりに書きなさい。

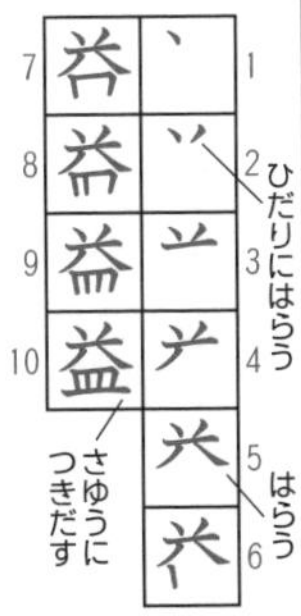

―線の漢字の読み方を書きなさい。

① 利益が上がる。（　）
② 益虫。（　）
③ 無益な対立。（　）

書いてみよう

月　日
時間 20分【はやい15分・おそい25分】
合格 20問
正答 /24問

1

① 席に（　　）《みちびく》。
② 下級生を□□《しどう》する。
③ □□□《どうかせん》。
④ 最新機器の□□《どうにゅう》。

2

① □□《かんじょう》を表す。
② （　　）《なさけ》深い人。
③ □□《じじょう》が分からない。
④ □□《じょうねつ》を注ぐ。

3

① □□《こっきょう》警備隊《けいびたい》。
② となりとの□□《さかいめ》。
③ 今の□□《しんきょう》を話す。
④ □□《ぎゃっきょう》にたえぬく。

4

① 日本の□□《れきし》。
② □□《しじょう》最大《さいだい》の事件《じけん》。
③ □《し》せきを訪《たず》ねる。
④ 日本□《し》の勉強。

5

① □□《ぼうさい》訓練。
② □□《さいがい》が起こる。
③ □□《かさい》を防ぐ。
④ 台風による□□《てんさい》。

6

① □□《りえき》が多い。
② トンボは□□《えきちゅう》だ。
③ □□《むえき》な対立。
④ □□《ゆうえき》な話。

5日　居・責・準・停・複・幹

7 居

音 キョ
訓 いる
部首 尸（かばね・しかばね）
意味 人や動物がそこにいる。住む。住まい。

画数 8

（筆順）はらう　たてに

・筆順どおりに書きなさい。

居

―線の漢字の読み方を書きなさい。

① 居住地。（　　）
② 新居。（　　）
③ 犬が居る。（　　）
④ 居間。（　　）

8 責

音 セキ
訓 せめる
部首 貝（かい・こがい）
意味 とがめる。しなければならないこと。つとめ。

画数 11

（筆順）ながく

・筆順どおりに書きなさい。

責

―線の漢字の読み方を書きなさい。

① 責任。（　　）
② ミスを責める。（　　）
③ 重責を負う。（　　）

9 準

音 ジュン
訓 ―
部首 氵（さんずい）
意味 手本とすること。正式のものの次になるもの。水もり。そなえる。

画数 13

（筆順）はらう　ながく

・筆順どおりに書きなさい。

準

―線の漢字の読み方を書きなさい。

① 準備をする。（　　）
② 標準。（　　）
③ 準決勝。（　　）
④ 基準。（　　）

10 停

音 テイ
訓 ―
部首 亻（にんべん）
意味 とまる。とめる。

画数 11

（筆順）たてに　はねる

・筆順どおりに書きなさい。

停

―線の漢字の読み方を書きなさい。

① 停電。（　　）
② 各駅停車。（　　）
③ 停止線。（　　）
④ 停留所。（　　）

11 複

音 フク
訓 ―
部首 衤（ころもへん）
意味 重なる。二つ以上。ふたたび。

画数 14

（筆順）わすれずに

・筆順どおりに書きなさい。

複

―線の漢字の読み方を書きなさい。

① 複雑《ざつ》な事情。（　　）
② 複数。（　　）
③ 複写する。（　　）
④ 複線工事。（　　）

12 幹

音 カン
訓 みき
部首 干（かん・いちじゅう）
意味 木の根もとの太い部分。だいじな所。うでまえ。

画数 13

（筆順）よこに　つきださない　とめる

・筆順どおりに書きなさい。

幹

―線の漢字の読み方を書きなさい。

① 新幹線。（　　）
② 太い幹。（　　）
③ 児童会の幹部になる。（　　）

書いてみよう

月　日

時間 20分 【はやい15分・おそい25分】

合格 20問

正答 /24問

7

① [　]《きょじゅうち》。

② 大きな犬が（　）《いる》。

③ [　]《しんきょ》に移る。

④ 母と芝《しば》[　]《い》を見に行く。

8

① [　]《せきにん》を果たす。

② ミスを（　）《せめる》。

③ [　]《じせき》の念。

④ [　]《じゅうせき》を負う。

9

① 運動会の[　]《じゅんび》。

② [　]《ひょうじゅん》の身長。

③ [　]《じゅんけっしょう》。

④ 技術《ぎじゅつ》の[　]《すいじゅん》が高い。

10

① 急[　]《ていしゃ》する。

② [　]《ていでん》で暗い。

③ バスが[　]《ていし》する。

④ バスの[　]《ていりゅうじょ》。

11

① [　]《ふく》雑《ざつ》な地図。

② [　]《ふくすう》の意見。

③ 図を[　]《ふくしゃ》する。

④ 電車の[　]《ふくせん》工事。

12

① [　]《しんかんせん》。

② 太い[　]《みき》。

③ 組合の[　]《かんぶ》。

④ 同窓会《どうそうかい》の[　]《かんじ》。

6日 復習テスト(1) 読み

月　日

時間 20分【はやい15分・おそい25分】
合格 80点（一つ4点）
得点　点

1 ――線の漢字の読み方を書きなさい。

① 歴史を学ぶ。（　　）

② 準決勝に進む。（　　）

③ 失敗を責めない。（　　）

④ イラストを複写する。（　　）

⑤ バス停に行く。（　　）

⑥ 特急列車と準急列車。（　　）

⑦ 文責者はわたしだ。（　　）

⑧ 複雑《ざつ》な家の事情がある。（　　）（　　）

2 ――線の漢字の読み方を書きなさい。

① 国境を過《す》ぎる。（　　）

② 感情が高ぶる。（　　）

③ 組織の幹部になる。（　　）

④ 先生の指導を受ける。（　　）

⑤ 幹の太さをはかる。（　　）

⑥ ここが北の境目だ。（　　）

⑦ ガイドに導かれる。（　　）

⑧ 情けは人のためならず（　　）

3 ――線の漢字の読み方を書きなさい。

① 学歴をほこる。（　　）

② 台風の災害に備える。（　　）

③ 多くの利益を上げる。（　　）

④ 居住地を決める。（　　）

⑤ 停電になる。（　　）

⑥ 火災の発生を防ぐ。（　　）

⑦ 無益な殺生《せっしょう》はしない。（　　）

⑧ そこに居るのはだれですか。（　　）

復習テスト(1) 書き

月　日

時間 20分 【はやい15分・おそい25分】
合格 80点 （一つ4点）
得点　　点

1 次の漢字を書きなさい。

① 山登りの□□《じゅんび》をする。

② 世界の□□《れきし》。

③ あやまちを（　）《せめる》。

④ この絵は□□《ふくせい》品だ。

⑤ □□□《じゅんけっしょう》に進む。

⑥ 東北□□□《しんかんせん》。

⑦ 大雨で□□《ていでん》する。

⑧ きれいに□□《ふくしゃ》する。

2 次の漢字を書きなさい。

① 木の□《みき》に（　）《いる》虫。

② 外国の資本を□□《どうにゅう》する。

③ □□《じょうほう》社会に生きる。

④ □□《こっきょう》に旗を立てる。

⑤ ガイドに（　）《みちびか》れる。

⑥ 失敗の□□《せきにん》をとる。

⑦ 人に（　）《なさけ》をかける。

⑧ 車道と歩道の□□《さかいめ》。

3 次の漢字を書きなさい。

① □□《かんじょう》表現が豊かだ。

② 台風は□□《てんさい》である。

③ トンボは□□《えきちゅう》だ。

④ □□《じゅうきょ》を大阪にする。

⑤ 車を□□《ていし》させる。

⑥ □□《ぼうさい》訓練をする。

⑦ □□《りえき》を追求する。

⑧ 芝《しば》□《い》を見物する。

7日　枝・貸・評・暴・領・政

13 枝

画数 8

音 (シ)
訓 えだ
部首 木(きへん)
意味 木の枝。分かれ出たもの。

・筆順どおりに書きなさい。（とめる／はらう／くっつけない）

―線の漢字の読み方を書きなさい。

① 枝を切る。
② 枝豆。
③ 枝に小鳥がとまる。

14 貸

画数 12

音 (タイ)
訓 かす
部首 貝(かい・こがい)
意味 返してもらう約束で自分のものを人にわたす。

・筆順どおりに書きなさい。（はねる／わすれずに）

―線の漢字の読み方を書きなさい。

① ノートを貸す。
② 貸し出す。
③ 力を貸す。

15 評

画数 12

音 ヒョウ
訓 ―
部首 言(ごんべん)
意味 よい悪い・ねうちを決めること。世間のうわさ。

・筆順どおりに書きなさい。（てん）

―線の漢字の読み方を書きなさい。

① 評価する。
② 良い評判。
③ 好評の作品。
④ 不評。

16 暴

画数 15

音 ボウ・(バク)
訓 あばれる・(あばく)
部首 日(ひ)
意味 あらい。てい度をこす。急に。あばく。

・筆順どおりに書きなさい。（はねる／ながく）

―線の漢字の読み方を書きなさい。

① 暴風雨。
② 暴力。
③ 馬が暴れる。
④ 暴言。

17 領

画数 14

音 リョウ
訓 ―
部首 頁(おおがい)
意味 おさめる人。おさめること。受け取ること。

・筆順どおりに書きなさい。（とめる／とめる）

―線の漢字の読み方を書きなさい。

① 大統領。
② 本領発揮《はっき》。
③ 領地を守る。
④ 横領事件。

18 政

画数 9

音 セイ・(ショウ)
訓 (まつりごと)
部首 攵(のぶん・ぼくづくり)
意味 国を治めること。物事を整え治めること。

・筆順どおりに書きなさい。（すこしだす／みぎうえに）

―線の漢字の読み方を書きなさい。

① 政府の決定にしたがう。
② 政治家。
③ 家政婦。

書いてみよう

月　日

時間 20分【はやい15分・おそい25分】

合格 20問

正答　／24問

13

① 小鳥が□《えだ》にとまる。

② かれ□《えだ》を切る。

③ □□《えだまめ》を食べる。

④ □□《えださき》に花がさく。

14

① ノートを（　　《かす》　　）。

② お金の（　　《かし》　　）借り。

③ 力を（　　《かす》　　）。

④ 本を（　　《かし》　　）出す。

15

① □□《ひょうばん》が良い。

② 作品を□□《ひょうか》する。

③ □□《こうひょう》を博する。

④ メロンの□□□《ひんぴょうかい》。

16

① □□□《ぼうふうう》。

② □□《ぼうりょく》をふるうな。

③ 馬が（　　《あばれる》　　）。

④ □□《ぼうげん》をはく。

17

① □□□《だいとうりょう》。

② □□《ほんりょう》を発揮《はっき》する。

③ □□《ようりょう》がいい。

④ □□《りょうち》を守る。

18

① □□《せいふ》の命令。

② □□《ぎょうせい》改革《かいかく》。

③ □□□《かせいふ》。

④ □□□《せいじか》。

8日　許・師・像・眼・版・述

19 許　画数 11

音 キョ
訓 ゆるす
部首 言(ごんべん)
意味 申し出や願いを聞き入れる。ゆるす。

・筆順どおりに書きなさい。（1 てん　10・11 つきださない）

——線の漢字の読み方を書きなさい。

① 使用許可をもらう。（　　）
② 気を許す。（　　）
③ 特許を取る。（　　）

20 師　画数 10

音 シ　訓 —
部首 巾(はば)
意味 人の手本になる人。先生。その仕事をせん門にする人。

・筆順どおりに書きなさい。（4 はねる　9・10 つきださない）

——線の漢字の読み方を書きなさい。

① 牧師。（　　）
② 教師。（　　）
③ 医師。（　　）
④ 漁師。（　　）

21 像　画数 14

音 ゾウ
訓 —
部首 亻(にんべん)
意味 形やすがた。にせてつくったもの。

・筆順どおりに書きなさい。（10 まるみをつける　11 はねる）

——線の漢字の読み方を書きなさい。

① 想像する。（　　）
② 仏像。（　　）
③ フィルムを現像する。（　　）

22 眼　画数 11

音 ガン・(ゲン)
訓 (まなこ)
部首 目(め)
意味 目。大切な所。ものを見ぬく力。

・筆順どおりに書きなさい。（5 ひだりにはらう　9 みぎうえにはねる）

——線の漢字の読み方を書きなさい。

① 眼科。（　　）
② 着眼点。（　　）
③ 眼鏡。（　　）
④ 眼前の景色。（　　）

23 版　画数 8

音 ハン
訓 —
部首 片(かたへん)
意味 印刷のため絵や字をほったもの。印刷して本をつくる。

・筆順どおりに書きなさい。（1 はらう　3 すこしだす　4 おって、とめる　6 はらう）

——線の漢字の読み方を書きなさい。

① 本を出版する。（　　）
② 木版画。（　　）
③ 写真版。（　　）

24 述　画数 8

音 ジュツ
訓 のべる
部首 辶(しんにょう・しんにゅう)
意味 思っていることをあらわす。のべる。言う。話す。

・筆順どおりに書きなさい。（2 とめる　5 わすれずに　7 ひとふでで）

——線の漢字の読み方を書きなさい。

① 意見を述べる。（　　）
② 述語。（　　）
③ 口述。〔口で考えを言う〕（　　）

書いてみよう

月　日

時間 20分【はやい15分・おそい25分】
合格 20問
正答 /24問

19

① あやまちを（　　）《ゆるす》。

② □□《きょか》をもらう。

③ 心を（　　）《ゆるす》。

④ 発明の□□《とっきょ》を取る。

20

① 教会の□□《ぼくし》。

② 中学校の□□《きょうし》。

③ □□□《びようし》になりたい。

④ □□《いし》の診察《しんさつ》。

21

① 木の□□《ぶつぞう》。

② 二十年後を□□《そうぞう》する。

③ □□□《じがぞう》をかく。

④ 銅《どう》□《ぞう》の除幕式《じょまくしき》。

22

① □□□《ちゃくがんてん》。

② □□《がんぜん》の美しい景色。

③ □□《がんか》でみてもらう。

④ □□《にくがん》で見える。

23

① 本の□□《しゅっぱん》。

② □□《はんが》の作品。

③ □□《ずはん》をのせる。

④ □□《かっぱん》印刷。

24

① 意見を（　　）《のべる》。

② □□《こうじゅつ》筆記する。

③ 主語と□□《じゅつご》。

④ 考えを□□《きじゅつ》する。

郵便はがき

お手数ですが
切手をおはり
ください。

5 5 0 - 0 0 1 3

大阪市西区新町 3-3-6

受験研究社

愛読者係 行

●ご住所 □□□-□□□□

TEL(

●お名前

※任意
(男・女

●在学校 □保育園・幼稚園 □中学校 □専門学校・大学 □小学校 □高等学校 □その他 ( )

学
(

●お買い上げ書店名(所在地)

書店(

市
町

★すてきな賞品をプレゼント！

お送りいただきました愛読者カードは、毎年12月末にしめきり，抽選のうえ100名様にすてきな賞品をお贈りいたします。

★LINEでダブルチャンス！

公式LINEを友達追加頂きアンケートにご回答頂くと，上記プレゼントに加え，夏と冬の特別抽選会で記念品をプレゼントいたします！

※当選者の発表は賞品の発送をもってかえさせていただきます。 https://lin.ee/cWvA

株式会社 増進堂・受験研究社

愛読者カード

本書をお買い上げいただきましてありがとうございます。あなたのご意見・ご希望を参考に，今後もより良い本を出版していきたいと思います。ご協力をお願いします。

1. この本の書名（本のなまえ）　　お買い上げ

年　　月

2. どうしてこの本をお買いになりましたか。

□書店で見て　□先生のすすめ　□友人・先輩のすすめ　□家族のすすめで
□塾のすすめ　□WEB・SNSを見て　□その他(　　　　　　)

3. 当社の本ははじめてですか。

□はじめて　□2冊目　□3冊目以上

. この本の良い点，改めてほしい点など，ご意見・ご希望をお書きください。

今後どのような参考書・問題集の発行をご希望されますか。あなたのアイデアをお書きください。

塾や予備校，通信教育を利用されていますか。

塾・予備校名［　　　　　　　　］

通信教育名　［　　　　　　　　］

の参考，新刊等のご案内に利用させていただきます。　2024.2

9日 復習テスト(2) 読み

月　日

時間 20分 [はやい15分・おそい25分]

合格 80点 (一つ4点)

得点　点

1 ――線の漢字の読み方を書きなさい。

① 本を出版する。
② 銅《どう》像の除幕式《じょまくしき》。
③ 領地を守る。
④ よく暴れる馬。
⑤ 想像もつかない話だ。
⑥ 体験を記述する。
⑦ 眼帯をつける。
⑧ 作品の評価を順に述べる。

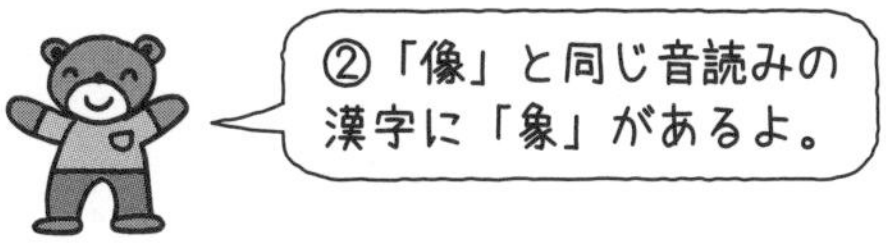

2 ――線の漢字の読み方を書きなさい。

① かれ枝が折れる。
② 本を貸してあげる。
③ 版画作品の製作。
④ 世間の評判がよい。
⑤ 教師になりたい。
⑥ 野菜の品評会。
⑦ 貸し借りを禁《きん》じる。
⑧ 枝豆を食べる。

3 ――線の漢字の読み方を書きなさい。

① 外《げ》科《か》の医師になる。
② 使用の許可をもらう。
③ 政治家になる。
④ 一回だけは許す。
⑤ 暴力をふるうな。
⑥ 眼下に港が見える。
⑦ 日本政府の発表。
⑧ 領収書《しゅうしょ》をもらう。

復習テスト(2)　書き

月　日

時間 20分 【はやい15分・おそい25分】
合格 80点 （一つ4点）
得点　点

1 次の漢字を書きなさい。

① 豊かな□□□《そうぞうりょく》。
② 中学の□□《きょうし》になる。
③ 著書《ちょしょ》を□□《しゅっぱん》する。
④ トンボは□□《ふくがん》だ。
⑤ 自分の考えを（　　）《のべる》。
⑥ □□《がんぜん》に海が広がる。
⑦ 動詞《どうし》は□□《じゅつご》になる。
⑧ □□□《もくはんが》を作る。

2 次の漢字を書きなさい。

① ノートを（　　）《かす》。
② □□《えだは》に雪が積もる。
③ 古い寺の□□《ぶつぞう》。
④ 作品を□□《ひょうか》する。
⑤ □《えだ》にとまる小鳥。
⑥ 人の□□《ひょうばん》を気にする。
⑦ 本を（　　）《かし》てもらう。
⑧ □□《ぼくし》の話を聞く。

3 次の漢字を書きなさい。

① 恩《おん》□《し》の教えにしたがう。
② □《りょう》収書《しゅうしょ》をもらう。
③ □□《せいふ》の公式発表。
④ よく（　　）《あばれる》馬。
⑤ 先生に□□《きょか》してもらう。
⑥ よい□□《せいじ》を行う。
⑦ □□《ぼうりょく》を（　　）《ゆるさ》ない。
⑧ □□《りょうち》を守る。

まとめテスト(1) 読み

月　日

時間 20分 [はやい15分・おそい25分]
合格 80点 (一つ4点)
得点　点

1 ――線の漢字の読み方を書きなさい。

① 入室を許可する。
② これは政治の責任だ。
③ 準優勝《ゆうしょう》を果たす。
④ 仏像をおがむ。
⑤ 出版社で働く。
⑥ 眼前に海が広がる。
⑦ 最新の機材を導入する。
⑧ ノートを貸す。

2 ――線の漢字の読み方を書きなさい。

① 政府の命令にしたがう。
② 主語と述語。
③ ずっと家に居る。
④ 火災を防ぐ。
⑤ 情報を入手する。
⑥ 逆境にたえぬく。
⑦ わずかな情けをかける。
⑧ つばめは益鳥だ。

3 ――線の漢字の読み方を書きなさい。

① 医師の話を聞く。
② 資料を複写する。
③ 木の幹の太さをはかる。
④ 小鳥が枝にとまる。
⑤ 領地をとられた王様。
⑥ 史料を見る。
⑦ よく暴れる馬だ。
⑧ 体育の評価がよかった。

月　日

時間 20分【はやい15分・おそい25分】　得点　点

合格 80点（一つ4点）

まとめテスト(1) 書き

1 次の漢字を書きなさい。

① 計算で答えを（　　）《みちびく》。

② □□《あいじょう》を注ぐ。

③ □□《ひょうばん》を落とす。

④ 意見を（　　）《のべる》。

⑤ □□《りょうど》を守る。

⑥ 子犬が（　　）《あばれる》。

⑦ □□《そうぞう》したとおりだ。

⑧ □□《がんか》の検診《けんしん》。

2 次の漢字を書きなさい。

① 台風で□□《ていでん》する。

② 海外に□□《きょじゅう》する。

③ □□□《もくはんが》を刷る。

④ 外国の技術《ぎじゅつ》を□□《どうにゅう》する。

⑤ □□《さいがい》に備える。

⑥ 入会を（　　）《ゆるさ》れる。

⑦ 今の□□《しんきょう》を語る。

⑧ （　　）《なさけ》は人のためならず

3 次の漢字を書きなさい。

① 失敗を（　　）《せめる》。

② □□《きょうし》の職《しょく》につく。

③ パーティーの□□《かんじ》。

④ □《ふく》雑《ざつ》な□□《かんじょう》。

⑤ よい□□《せいじ》を行う。

⑥ □□《ぼうりょく》に反対する。

⑦ 友達に本を（　　）《かす》。

⑧ 先生の□□《きょか》を受ける。

11日　団・講・演・務・毒・武

団　25

音　ダン・(トン)
訓　―
部首　囗(くにがまえ)
意味　まるい。集まる。まとまった集まり。
画数　6

・筆順どおりに書きなさい。
（はねる）

――線の漢字の読み方を書きなさい。

① 小学生の団体。（　）
② 集団行動。（　）
③ 団結する。（　）

講　26

音　コウ
訓　―
部首　言(ごんべん)
意味　説き聞かせる。仲直りする。集まり。
画数　17

・筆順どおりに書きなさい。
（てん）（さゆうにつきだす）

――線の漢字の読み方を書きなさい。

① 講義を聞く。（　）
② 夏期講習。（　）
③ 大学の講師。（　）

演　27

音　エン
訓　―
部首　氵(さんずい)
意味　行うこと。述べること。
画数　14

・筆順どおりに書きなさい。
（たてに）（とめる）（つきだす）

――線の漢字の読み方を書きなさい。

① 出演する。（　）
② 演芸会。（　）
③ 政治家の演説を聞く。（　）

務　28

音　ム
訓　つとめる・つとまる
部首　力(ちから)
意味　しなければならないこと。つとめる。仕事。
画数　11

・筆順どおりに書きなさい。
（わすれずに）（はねる）（つきだす）

――線の漢字の読み方を書きなさい。

① 自分の務めを果たす。（　）
② 業務内容。（　）
③ 外務大臣。（　）

毒　29

音　ドク
訓　―
部首　毋(なかれ)
意味　けんこうや命に害のあるもの。わざわい。
画数　8

・筆順どおりに書きなさい。
（さゆうにつきだす）（つきだしてはねる）

――線の漢字の読み方を書きなさい。

① 食中毒。（　）
② 毒へび。（　）
③ お気の毒です。（　）
④ 消毒。（　）

武　30

音　ブ・ム
訓　―
部首　止(とめる)
意味　強くていさましい。たたかう。さむらい。
画数　8

・筆順どおりに書きなさい。
（わすれずに）（うえにはねる）（みぎうえに）

――線の漢字の読み方を書きなさい。

① 武者人形。（　）
② 武器。（　）
③ 江戸《えど》時代の武士。（　）

書いてみよう

時間 20分 【はやい15分・おそい25分】
合格 20問
正答 /24問

25

① 小学生の□□《だんたい》。

② □□《しゅうだん》で行動する。

③ クラスで□□《だんけつ》する。

④ 交響《こうきょう》□□《がくだん》。

26

① □□□《こうしゅうかい》。

② 教授の□□《こうぎ》。

③ 大学の□□《こうし》。

④ □□《こうわ》条約を結ぶ。

27

① □□□《えんげいかい》。

② 政治家の□□《えんぜつ》。

③ 各地で□□《こうえん》する。

④ 映画《えいが》に□□《しゅつえん》する。

28

① □□□《じむいん》。

② 主役を（　　）《つとめる》。

③ □□《ぎょうむ》につく。

④ 彼《かれ》なら司会が（　　）《つとまる》。

29

① □□□《しょくちゅうどく》。

② おそろしい□□《どくやく》。

③ 気の□《どく》な話。

④ 日光で□□《しょうどく》する。

30

① □□《ぶんぶ》両道

② □□《むしゃ》ぶるいをする。

③ 江戸《えど》時代の□□《ぶし》。

④ □□《ぶき》をすてる。

12日　祖・績・型・脈・永・久

祖 31

画数 9

音 ソ
訓 ―
部首 ネ（しめすへん）
意味 父の父。祖父以前の人。ものごとを始めた人。

• 筆順どおりに書きなさい。

1 丶（てん） 2 ラ 3 ネ（とめる） 4 ネ 5 ネ 6 初 7 祁 8 祖 9 祖（さゆうにつきだす）

―線の漢字の読み方を書きなさい。

① 祖国。（　）
② 祖母。（　）
③ 祖先をうやまう。（　）

績 32

画数 17

音 セキ
訓 ―
部首 糸（いとへん）
意味 まゆや綿などから糸をとること。つむぐ。手がら。仕事のできばえ。

• 筆順どおりに書きなさい。

1 く 2 幺 3 幺 4 糸（とめる） 5 糸 6 糸（とめる） 7 糸 8 紆 9 結（ながく） 10 結 11 結 12 結 13 績 14 績 15 績 16 績 17 績

―線の漢字の読み方を書きなさい。

① 国語の成績。（　）
② 実績。（　）
③ 功績をたたえる。（　）

型 33

画数 9

音 ケイ
訓 かた
部首 土（つち）
意味 手本。もけい。いがた。見本。

• 筆順どおりに書きなさい。

1 一 2 二 3 チ 4 开（とめる） 5 刑（とめる） 6 刑（はねる） 7 刑 8 型 9 型（ながく）（はらう）

―線の漢字の読み方を書きなさい。

① 大型。（　）
② 典型的。（　）
③ 型紙。（　）
④ 血液《けつえき》型。（　）

脈 34

画数 10

音 ミャク
訓 ―
部首 月（にくづき）
意味 みゃくはく。ひとつづきになっているもの。のぞみ。

• 筆順どおりに書きなさい。

1 丿（はらう） 2 刀（はねる） 3 月（ひだりにはらう） 4 月 5 月 6 肝（はらう） 7 肝 8 肵（とめる） 9 脈 10 脈（はらう）

―線の漢字の読み方を書きなさい。

① 山脈。（　）
② 動脈。（　）
③ 脈をとる。（　）
④ 水脈。（　）

永 35

画数 5

音 エイ
訓 ながい
部首 水（みず）
意味 時間がひじょうに長いこと。

• 筆順どおりに書きなさい。

1 丶（てん） 2 フ（はねる） 3 ヨ 4 永 5 永（はらう）

―線の漢字の読み方を書きなさい。

① 永遠をいのる。（　）
② 末永く幸せに。（　）
③ 永住。（　）

久 36

画数 3

音 キュウ・（ク）
訓 ひさしい
部首 ノ（の・はらいぼう）
意味 長い時間がたっている。いつまでも変わらない。

• 筆順どおりに書きなさい。

1 ノ（はらう） 2 ク 3 久（はらう）

―線の漢字の読み方を書きなさい。

① 久しぶり。（　）
② 永久歯。（　）
③ 持久力を養う。（　）
④ 久々。（　）

書いてみよう

月　日

時間 20分【はやい15分・おそい25分】　合格 20問　正答 ／24問

31

① □《そこく》へ帰る。

② □《そぼ》と出かける。

③ □《せんぞ》代々政治家だ。

④ □《そせん》をうやまう。

32

① 国語の□《せいせき》。

② □《ぎょうせき》が上がる。

③ □《こうせき》を残す。

④ □《じっせき》を積む。

33

① □《こがた》の車。

② □《おおがた》の台風。

③ ねん土で□《げんけい》を作る。

④ くつの□《かた》をとる。

34

① □《さんみゃく》と川。

② □《どうみゃく》が切れる。

③ □《ぶんみゃく》をつかむ。

④ 一分間の□《みゃく》はく。

35

① （　　）《ながい》ねむりにつく。

② □《えいえん》の別れ。

③ □《えいじゅう》の地。

④ □《えいせい》中立国。

36

① □《えいきゅうし》。

② （　　）《ひさしく》会っていない。

③ 耐《たい》□《きゅう》レースに出る。

④ □《じきゅうりょく》がつく。

13日 復習テスト(3) 読み

月　日

時間 20分【はやい15分・おそい25分】
合格 80点（一つ4点）
得点　点

1 ――線の漢字の読み方を書きなさい。

① 有毒な草。
② 努力で実績を上げる。
③ 永遠に忘《わす》れない。
④ 型破りな人物。
⑤ 山脈をこえる。
⑥ 末永い幸せ。
⑦ 楽団の定期演奏会《そうかい》。
⑧ 模《も》型で示す。

2 ――線の漢字の読み方を書きなさい。

① すばらしい演技《ぎ》だ。
② 先生の講義を聞く。
③ 久しぶりに会う。
④ 団体の入場料は安い。
⑤ 花より団子。
⑥ 永久に続く。
⑦ 映《えい》画《が》に出演する。
⑧ 学者の講演を聞く。

3 ――線の漢字の読み方を書きなさい。

① とても務まりそうにない。
② 祖父は八十才になる。
③ 脈がある。
④ 武士のしきたり。
⑤ 先祖代々の墓。
⑥ 外務大臣。
⑦ 武者人形をかざる。
⑧ 毒にあたる。

復習テスト(3) 書き

月　日

時間 20分【はやい15分・おそい25分】　得点　　点

合格 80点（一つ4点）

1 次の漢字を書きなさい。

① （　　）《ひさし》ぶりに会う。

② □《どく》のある虫。

③ □《なが》の別れとなる。

④ 紡《ぼう》□《せき》工場。

⑤ □□《えいえん》の平和。

⑥ □□《しんがた》の車。

⑦ □□《えいきゅう》に続く。

⑧ □□□《てんけいてき》な例。

2 次の漢字を書きなさい。

① みごとな□《えん》技《ぎ》だった。

② □□□《こうしゅうかい》を開く。

③ □□《せいせき》がのびる。

④ 野球の応援《おうえん》□《だん》。

⑤ アルプス□□《さんみゃく》。

⑥ くしにさした□□《だんご》。

⑦ □□《げんけい》をとどめていない。

⑧ 先生の□□《こうぎ》を聞く。

3 次の漢字を書きなさい。

① □□《ぎょうむ》は五時に終わる。

② □□《ぶき》を手に入れる。

③ □□□《しょくちゅうどく》。

④ □□《そぼ》と散歩する。

⑤ 給食係の（　　）《つとめ》。

⑥ はげしく□《みゃく》を打つ。

⑦ □□《せんぞ》は□□《ぶし》だ。

⑧ □□《ぶりょく》を使わない。

14日　絶・迷・険・燃・過

37 絶

音 ゼツ
訓 たえる・たやす・たつ
部首 糸（いとへん）
意味 やめる。たえる。へだたる。すばらしい。非常に。

画数 12

・筆順どおりに書きなさい。

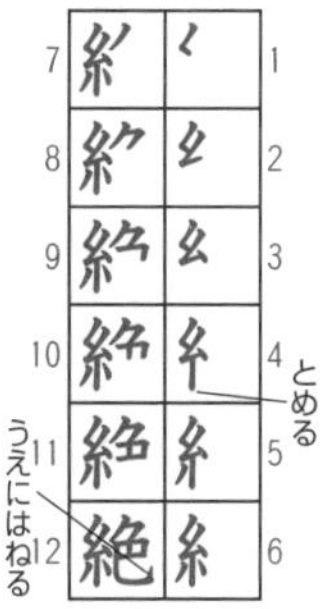

——線の漢字の読み方を書きなさい。

① 絶対にまちがいない。（　　）
② 息が絶える。（　　）
③ 絶景。（　　）

38 迷

音 （メイ）
訓 まよう
部首 辶（しんにょう・しんにゅう）
意味 自分の考えや気持ちが決まらない。こまる。はっきりしない。

画数 9

・筆順どおりに書きなさい。

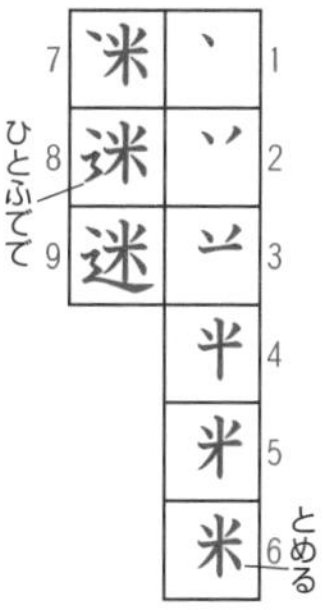

——線の漢字の読み方を書きなさい。

① 心が迷う。（　　）
② 迷子になる。（　　）
③ 思い迷って泣く。（　　）

39 険

音 ケン
訓 けわしい
部首 阝（こざとへん）
意味 けわしい。あぶない。悪い。とげとげしい。

画数 11

・筆順どおりに書きなさい。

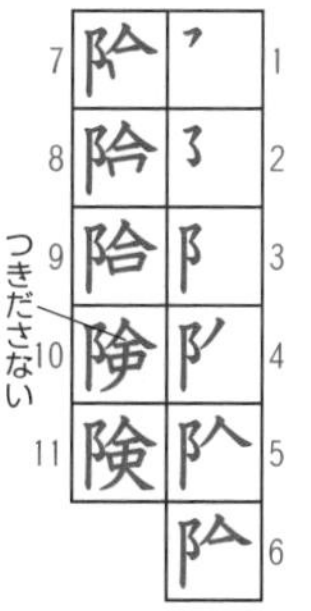

——線の漢字の読み方を書きなさい。

① 険しい道。（　　）
② 生命保《ほ》険。（　　）
③ 危《き》険がせまる。（　　）

40 燃

音 ネン
訓 もえる・もやす・もす
部首 火（ひへん）
意味 火をつけてたく。もえる。もやす。

画数 16

・筆順どおりに書きなさい。

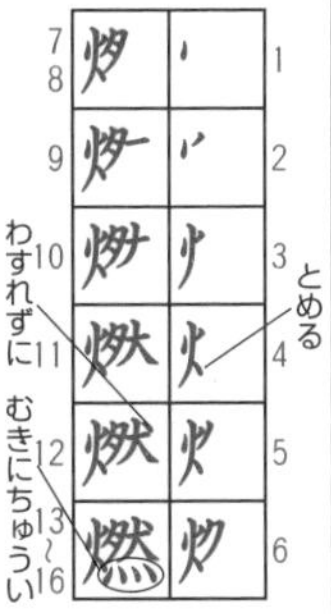

——線の漢字の読み方を書きなさい。

① 希望に燃える。（　　）
② 燃料。（　　）
③ ごみを燃やす。（　　）
④ 再燃。（　　）

41 過

音 カ
訓 すぎる・すごす・（あやまつ）・（あやまち）
部首 辶（しんにょう・しんにゅう）
意味 （あるものを）こす。

画数 12

・筆順どおりに書きなさい。

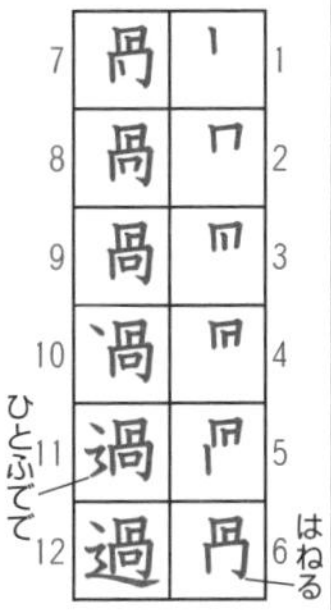

——線の漢字の読み方を書きなさい。

① 過去の話。（　　）
② 通過する。（　　）
③ とうげを過ぎる。（　　）

知っとく　漢字の筆順のきまり

漢字の筆順の主なきまりとして、「しんにょう（しんにゅう）」などの「にょう」は、最後に書く、があります。

(例) 迷・過・選・達・連

ただし、「起」などの「走」（そうにょう）は、先に書きます。

また、「辶」の部分は三画で書くことにも注意します。

月　日

書いてみよう

時間 20分【はやい15分・おそい25分】
合格 16問
正答 ／20問

37

① 息が（　　）《たえる》。

② □□《ぜったい》に成功する。

③ 連絡《れんらく》を（　　）《たつ》。

④ □□《ぜっこう》のチャンス。

38

① 判断に（　　）《まよう》。

② 山道で（　　）《まよう》。

③ □□《まいご》になった。

④ （　　）《まよい》ながら歩く。

39

① （　　）《けわしい》山道。

② 顔つきが（　　）《けわしい》。

③ 生命保《ほ》□《けん》に入る。

④ 危《き》□《けん》な場所。

40

① ごみを（　　）《もやす》。

② 固形の□□《ねんりょう》。

③ 希望に（　　）《もえる》。

④ □□《ふねん》ごみを出す。

41

① □□《かこ》の事件。

② 急行が□□《つうか》する。

③ 十日が（　　）《すぎる》。

④ 一夜を（　　）《すごす》。

知っとく　訓読みが同じ漢字

「たえる」と読む「絶える」「耐《た》える」、「あける」と読む「空ける」「開ける」「明ける」など、訓読みが同じ漢字があります。

たえる ｛息が絶える。／寒さに耐える。

あける ｛家を空ける。／店を開ける。／夜が明ける。

15日　限・罪・犯・損・比・率

限　42

音 ゲン
訓 かぎる
部首 阝（こざとへん）
意味 区切りをつける。かぎる。かぎり。区切り。

画数 9

●筆順どおりに書きなさい。

1 ㇇ 2 阝 3 阝 4 阝 5 阝 6 阝 7 阳 8 限 9 限
（みぎうえにはねる／ひだりにはらう／はらう）

● ――線の漢字の読み方を書きなさい。

① 限界。（　）
② 最大限。（　）
③ 人数を限る。（　）
④ 制限。（　）

罪　43

音 ザイ
訓 つみ
部首 罒（あみがしら・あみめ・よこめ）
意味 人の道や法りつにそむいた悪い行い。

画数 13

●筆順どおりに書きなさい。

1 丶 2 冖 3 罒 4 罒 5 罒 6 罒 7 罗 8 罗 9 罪 10 罪 11 罪 12 罪 13 罪
（とめる／はらう）

● ――線の漢字の読み方を書きなさい。

① 罪をおかす。（　）
② 謝罪。（　）
③ 罪人をばっする。（　）

犯　44

音 ハン
訓 （おかす）
部首 犭（けものへん）
意味 決まりや法りつにそむいた行いをする。罪をおかした人。

画数 5

●筆順どおりに書きなさい。

1 ノ 2 犭 3 犭 4 犯 5 犯
（つきだす／つきださない／うえにはねる）

● ――線の漢字の読み方を書きなさい。

① 重大な犯罪。（　）
② 防犯ベル。（　）
③ 犯人。（　）

損　45

音 ソン
訓 （そこなう）・（そこねる）
部首 扌（てへん）
意味 こわす。きずつける。へる。失う。

画数 13

●筆順どおりに書きなさい。

1 一 2 十 3 扌 4 扌 5 扌 6 扌 7 扣 8 捐 9 捐 10 損 11 損 12 損 13 損
（はねる／みぎうえに）

● ――線の漢字の読み方を書きなさい。

① 火事で損害を受ける。（　）
② 破損する。（　）
③ 損な役目。（　）

比　46

音 ヒ
訓 くらべる
部首 比（ならびひ・くらべる）
意味 くらべる。ならべる。たぐい。仲間。

画数 4

●筆順どおりに書きなさい。

1 一 2 ヒ 3 比 4 比
（ひだりからみぎへ／ひだりにはらう／まげて、うえにはねる）

● ――線の漢字の読み方を書きなさい。

① 大きさを比べる。（　）
② 金の比重。（　）
③ 比例する。（　）

率　47

音 （ソツ）・リツ
訓 ひきいる
部首 玄（げん）
意味 引き連れる。あわただしい。ありのまま。わりあい。

画数 11

●筆順どおりに書きなさい。

1 丶 2 亠 3 亠 4 玄 5 玄 6 玄 7 玆 8 玆 9 玆 10 率 11 率
（うえにつきだす）

● ――線の漢字の読み方を書きなさい。

① チームを率いる。（　）
② 打率。（　）
③ 円周率。（　）

書いてみよう

月　日

時間 20分【はやい15分・おそい25分】

合格 20問

正答　/24問

42

① 能力の□□《げんかい》。

② □□□《さいだいげん》の努力。

③ 人数を（　）《かぎる》。

④ □□《むげん》に続くレール。

43

① □□《しゃざい》する。

② □《つみ》をつぐなう。

③ □□《ざいにん》をばっする。

④ □□《むざい》の判決。

44

① 重大な□□《はんざい》。

② □□《はんこう》を自供《じきょう》する。

③ □□《はんにん》をたいほする。

④ □□《ぼうはん》ベルを持つ。

45

① 船が□□《はそん》する。

② 台風で□□《そんがい》を受ける。

③ □□《そんとく》ぬきの仕事。

④ □《そん》な役目。

46

① □□《ひれい》する。

② □□《ひるい》のない美しさ。

③ 鉄の□□《ひじゅう》を調べる。

④ 大きさを（　）《くらべる》。

47

① 大軍を（　）《ひきいる》。

② □□《ばいりつ》の高い学校。

③ 当選の□□《かくりつ》は低い。

④ □□《のうりつ》のよい学習。

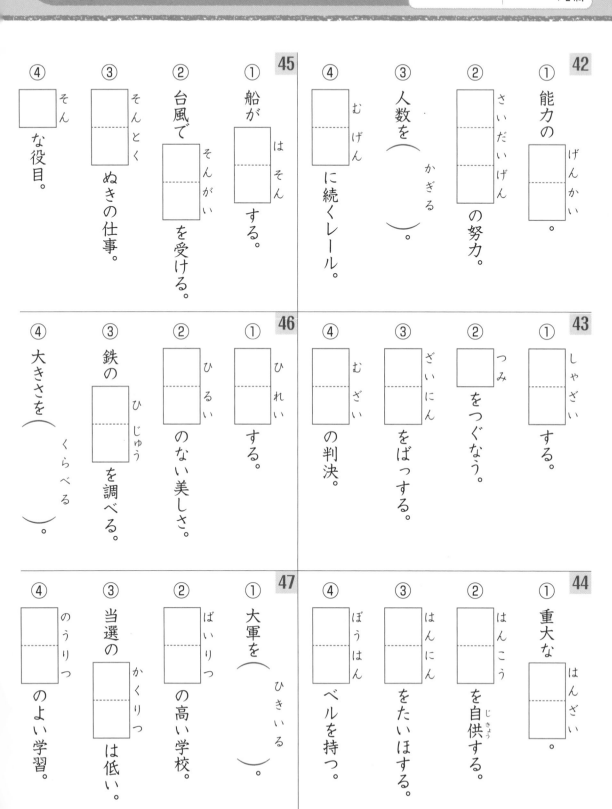

総・応・易・態・耕・肥

48 総　画数 14

音　ソウ
訓　—
部首　糸（いとへん）
意味　まとめる。しめくくる。すべての。全体をおさめる。

・筆順どおりに書きなさい。

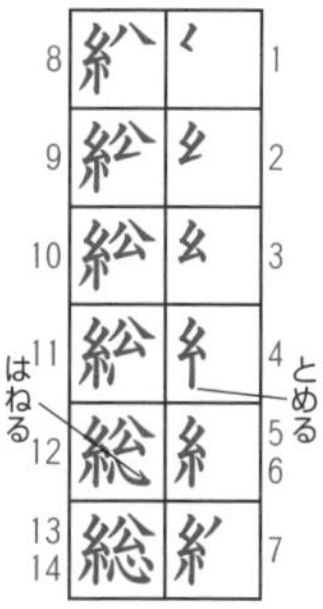

――線の漢字の読み方を書きなさい。

① 家族総出でそうじする。
② 総人口。
③ 総会。

49 応　画数 7

音　オウ
訓　こたえる
部首　心（こころ）
意味　こたえること。相手になる。したがう。ふさわしい。

・筆順どおりに書きなさい。

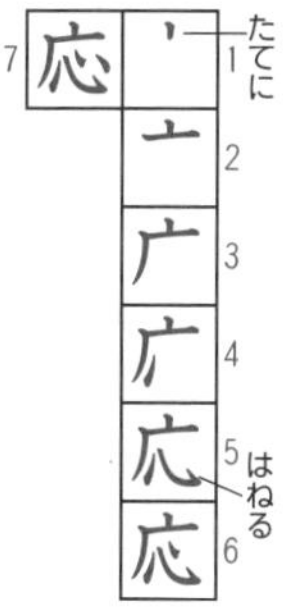

――線の漢字の読み方を書きなさい。

① 期待に応える。
② 応答する。
③ 適応する。

50 易　画数 8

音　エキ・イ
訓　やさしい
部首　日（ひ）
意味　たやすい。とりかえる。うらなう。

・筆順どおりに書きなさい。

――線の漢字の読み方を書きなさい。

① 容易に思い出せない。
② 易しい問題。
③ 貿《ぼう》易。

51 態　画数 14

音　タイ
訓　—
部首　心（こころ）
意味　様子。形。ありさま。すがた。

・筆順どおりに書きなさい。

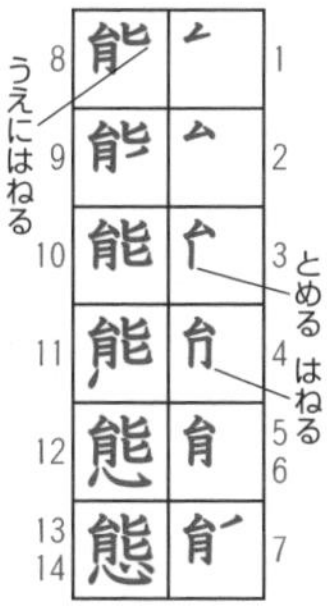

――線の漢字の読み方を書きなさい。

① 実態調査。
② 魚の生態。
③ 立派《りっぱ》な態度。
④ 非常事態。

52 耕　画数 10

音　コウ
訓　たがやす
部首　耒（すきへん・らいすき）
意味　作物を作るためにほり返して土をやわらかくする。

・筆順どおりに書きなさい。

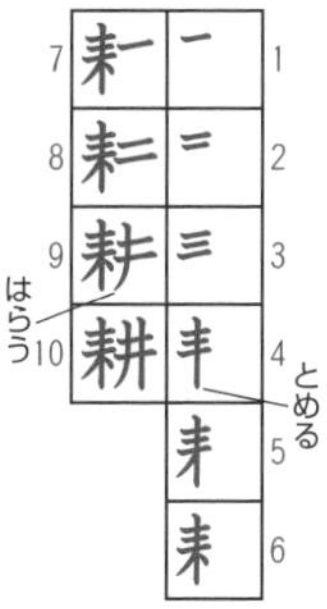

――線の漢字の読み方を書きなさい。

① 畑を耕す。
② 農耕社会。
③ 耕地面積を調べる。

53 肥　画数 8

音　ヒ
訓　こえ・こえる・こやす・こやし
部首　月（にくづき）
意味　こえる。土地の養分が豊かである。こやし。

・筆順どおりに書きなさい。

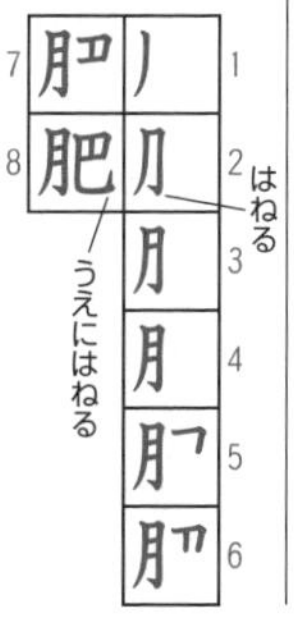

――線の漢字の読み方を書きなさい。

① 化学肥料。
② 目が肥える。
③ 肥満は体によくない。

書いてみよう

月　日

時間 20分 【はやい15分・おそい25分】

合格 20問

正答 /24問

48

① □□《そうごう》雑誌《ざっし》。

② □□□《そうどういん》する。

③ PTAの□□《そうかい》。

④ □□《そうりょく》を結集する。

49

① 期待に（　　）《こたえる》。

② 質疑《しつぎ》□□《おうとう》。

③ 環境《かんきょう》に□□《てきおう》する。

④ □□《おうきゅう》処置《しょち》をする。

50

① 貿《ぼう》□《えき》をする。

② 顔を□□《ようい》に覚える。

③ （　　）《やさしい》計算問題。

④ □□《えきしゃ》に見てもらう。

51

① 若者《わかもの》の□□《じったい》。

② まじめな□□《たいど》。

③ 昆虫《こんちゅう》の□□《せいたい》。

④ 健康□□《じょうたい》がよい。

52

① 田を（　　）《たがやす》。

② 麦の□□《こうち》面積。

③ 畑の□□《こうさく》機械。

④ □□《のうこう》社会。

53

① 化学□□《ひりょう》。

② 牛のふんを□《こえ》にする。

③ 目が（　　）《こえる》。

④ □□□《ひまんたい》の犬。

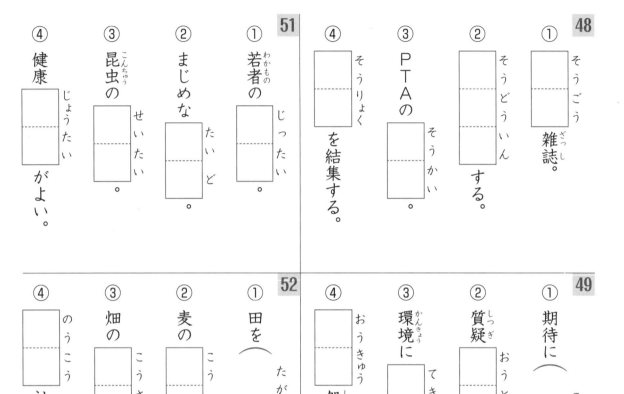

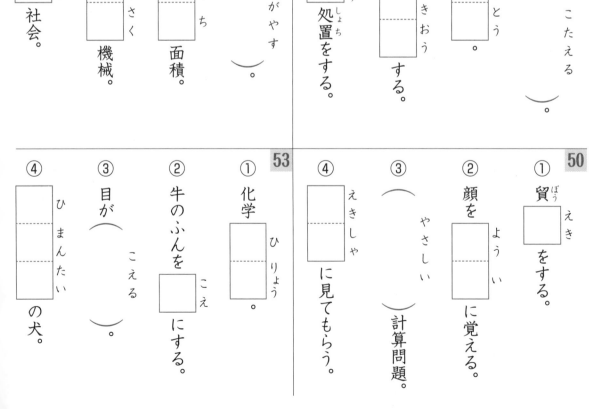

17日 復習テスト(4) 読み

月　日

時間 20分 【はやい15分・おそい25分】
合格 80点 (一つ4点)
得点　点

1 ――線の漢字の読み方を書きなさい。

① 犯罪が増えている。
② 迷子の子供《こども》。
③ 息が絶える。
④ 重さを比べる。
⑤ ごみを燃やす。
⑥ 台風で損害を受ける。
⑦ 火災保《ほ》険に入る。
⑧ 燃料を絶やす。

2 ――線の漢字の読み方を書きなさい。

① 男女の比率を調べる。
② みんな総出で働く。
③ 絶対に道に迷わない。
④ 易しい問題から解く。
⑤ 先生に率いられて行く。
⑥ 応用問題を解く。
⑦ 最大限の力を出す。
⑧ 貿《ぼう》易が黒字になる。

3 ――線の漢字の読み方を書きなさい。

① 田に肥料をやる。
② 電車が通過する。
③ 田畑を耕作する。
④ 燃料に水素を使う。
⑤ みなの期待に応える。
⑥ ひどい状態だ。
⑦ 村を通り過ぎる。
⑧ 畑を耕して種をまく。

復習テスト(4) 書き

月　日

時間 20分 【はやい15分・おそい25分】
合格 80点 （一つ4点）
得点　点

1 次の漢字を書きなさい。

① □□《はんざい》を防止する。
② 油を（　）《たやす》。
③ 約束を□□《ぜったい》に守る。
④ 水の□□《ひじゅう》を調べる。
⑤ 息の続く（　）《かぎり》走る。
⑥ 昼（　）《すぎ》に人と会う。
⑦ 地震《じしん》で□□《そんがい》が出る。
⑧ 背《せ》たけを（　）《くらべる》。

2 次の漢字を書きなさい。

① 表が出る□□《かくりつ》。
② 心の中で（　）《まよう》。
③ 危《き》□《けん》な（　）《けわしい》道。
④ □□《かこ》の出来事。
⑤ たきぎを（　）《もやす》。
⑥ チームを（　）《ひきいる》。
⑦ 必要に（　）《おうじ》て使う。
⑧ □□□《そうごうけい》を出す。

3 次の漢字を書きなさい。

① 畑を（　）《たがやす》。
② その□□《たいど》は悪い。
③ よく（　）《こえた》犬。
④ □□《むげん》に続く宇宙《うちゅう》。
⑤ ガソリンが□□《ねんりょう》だ。
⑥ 虫の□□《せいたい》を調べる。
⑦ □□《まいご》の世話をする。
⑧ 顔を□□《ようい》に覚える。

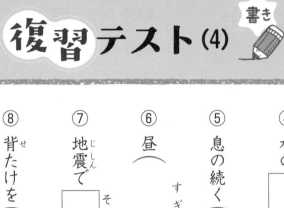

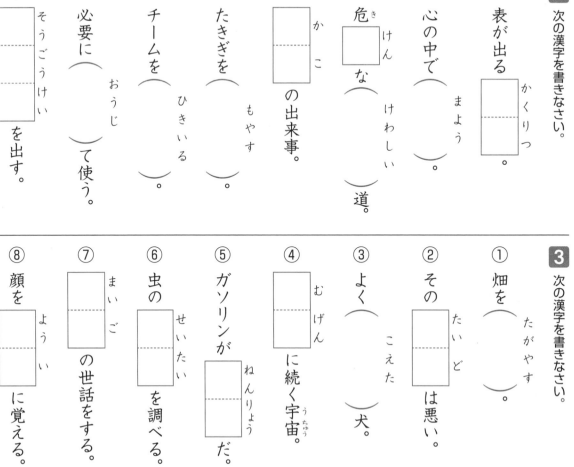

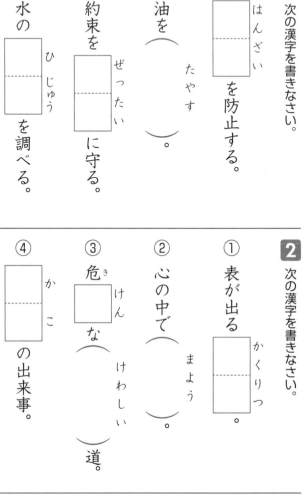

18日

まとめテスト(2)

読み

月　日

時間 20分【はやい15分・おそい25分】

合格 80点（一つ4点）

得点　点

1 ――線の漢字の読み方を書きなさい。

① 土地が肥える。

② 大きな損害を受ける。

③ 江戸《えど》時代の武士。

④ 大型の貿《ぼう》易船。

⑤ 力比べをする。

⑥ 打率のよい打者。

⑦ ひどい状態だ。

⑧ 険しい山がそびえる。

2 ――線の漢字の読み方を書きなさい。

① 絶対に負けられない。

② 総勢百人を率いる。

③ 成績が上がる。

④ 燃料を補給《ほきゅう》する。

⑤ 久しぶりの休日。

⑥ 団体旅行をする。

⑦ 過去の出来事。

⑧ 犯罪が増加する。

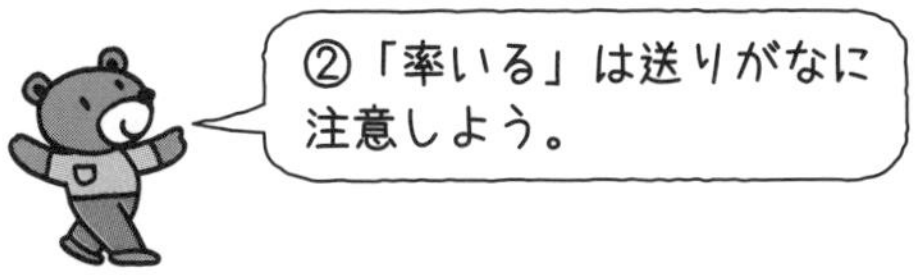

3 ――線の漢字の読み方を書きなさい。

① 田畑を耕作する。

② 永いねむりにつく。

③ 講演を聞く。

④ 外務大臣になる。

⑤ 有毒な虫。

⑥ 祖国はなつかしい。

⑦ 永遠に心に残る曲。

⑧ 型破りな人。

まとめテスト(2) 書き

月　日

時間 20分【はやい15分・おそい25分】
合格 80点（一つ4点）
得点　点

1 次の漢字を書きなさい。

① 息の続く（かぎり）走る。
② □□《さんみゃく》をこえる。
③ □□《はんにん》をたいほする。
④ □□《かくりつ》は二分の一。
⑤ 多くの意見を□□《そうごう》する。
⑥ □《みゃく》がある。
⑦ □□《えいきゅう》的な平和。
⑧ 模《も》□《けい》で示す。

2 次の漢字を書きなさい。

① □□□《せんしゅだん》の入場。
② □□《かこ》をふりかえる。
③ 商売で□《そん》をする。
④ 畑を（たがやす）。
⑤ （やさしい）計算。
⑥ 危《き》□《けん》な山道。
⑦ □《つみ》をつぐなう。
⑧ 思い（まよう）。

⑥部首に注意しよう。

3 次の漢字を書きなさい。

① 花に□□《ひりょう》をやる。
② 前を通り（すぎる）。
③ やさしく□□《おうたい》する。
④ □□《そせん》をうやまう。
⑤ □□《じょうたい》を（みくらべる）。
⑥ （たえ）ず手足を動かす。
⑦ 学者の□□《こうえん》を聞く。
⑧ 恩《おん》□《し》の教え。

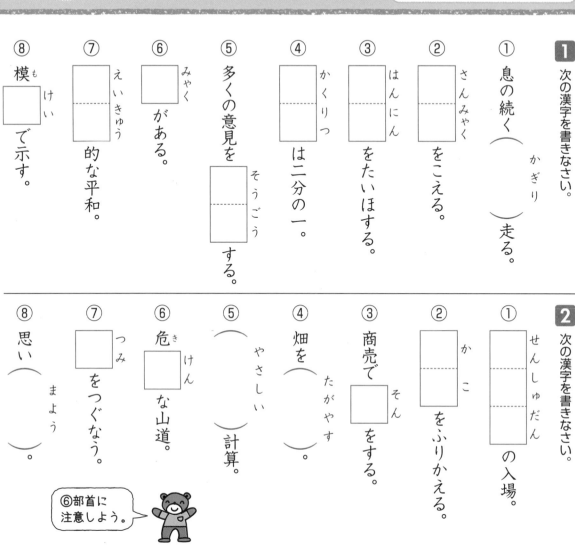

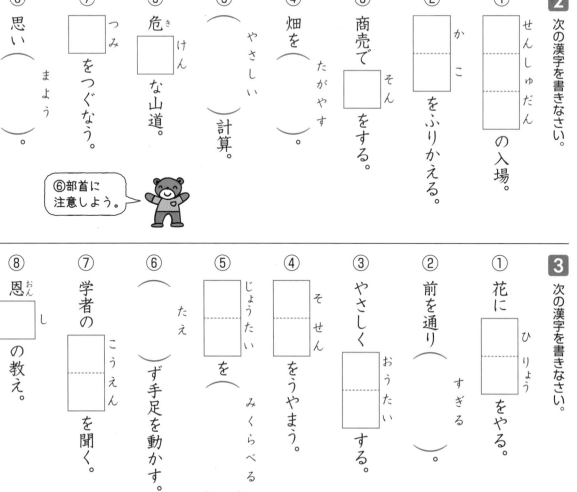

19日 効・句・液・似・雑・慣

月　日

54 効

音 コウ
訓 きく
部首 力（ちから）
意味 ききめ。働き。
画数 8

・筆順どおりに書きなさい。

1 丶（たてに） 2 亠 3 亣 4 六 5 ゔ 6 交（とめる） 7 効（はねる） 8 効（つきだす）

効

●——線の漢字の読み方を書きなさい。

① 効果満点。（　　）
② 薬が効く。（　　）
③ がんの特効薬。（　　）

55 句

音 ク　訓 —
部首 口（くち）
意味 文を形作るひと区切り。俳句（はいく）のこと。
画数 5

・筆順どおりに書きなさい。

1 ノ 2 勹（はねる） 3 勺 4 句 5 句

句

●——線の漢字の読み方を書きなさい。

① 文句を言う。（　　）
② 俳《はい》句。（　　）
③ 句読点。（　　）
④ 節句。（　　）

56 液

音 エキ
訓 —
部首 氵（さんずい）
意味 水のように流れて形のかわるもの。しる。えきたい。
画数 11

・筆順どおりに書きなさい。

1 丶 2 冫 3 氵 4 氵（たてに） 5 汁 6 汁 7 泞 8 泞 9 液 10 液 11 液（はらう）

液

●——線の漢字の読み方を書きなさい。

① 液体の薬。（　　）
② 血液。（　　）
③ 果物をしぼった液。（　　）

57 似

音 （ジ）
訓 にる
部首 亻（にんべん）
意味 おたがいに同じように見える。にる。まねる。
画数 7

・筆順どおりに書きなさい。

1 ノ 2 亻 3 亻 4 仏（みぎうえに） 5 仏（わすれない） 6 似 7 似（とめる）

似

●——線の漢字の読み方を書きなさい。

① よく似た言葉を使う。（　　）
② 似顔絵。（　　）
③ 似合う。（　　）

58 雑

音 ザツ・ゾウ
訓 —
部首 隹（ふるとり）
意味 いろいろなものがまじること。おおざっぱなようす。
画数 14

・筆順どおりに書きなさい。

1 ノ 2 九（うえにはねる） 3 九 4 卆 5 杂 6 杂 7 杂（とめる） 8 粂 9 粂 10 新 11 新 12 雑 13 雑 14 雑

雑

●——線の漢字の読み方を書きなさい。

① 複雑。（　　）
② 雑談する。（　　）
③ 雑木林。（　　）
④ 雑用。（　　）

59 慣

音 カン
訓 なれる・ならす
部首 忄（りっしんべん）
意味 なれる。ならわし。そのままの状態を続ける。
画数 14

・筆順どおりに書きなさい。

1 丶（とめる） 2 丷 3 忄（とめる） 4 忙（ひとふでで） 5 怛 6 怛（とめる） 7 悝（さゆうにつきだす） 8 悝 9 慣 10 慣 11 慣 12 慣 13 慣 14 慣

慣

●——線の漢字の読み方を書きなさい。

① よい習慣をつける。（　　）
② 通い慣れた道。（　　）
③ 慣例。（　　）

書いてみよう

月　日

時間 20分【はやい15分・おそい25分】
合格 20問
正答 　/24問

54

① 温泉《おんせん》の［こうのう］。
② 薬が（きく）。
③ ［ゆうこう］な手段《しゅだん》。
④ ［こうか］満点の演出。

55

① 俳《はい》［く］について学ぶ。
② 兄に［もんく］を言う。
③ ［くとうてん］を付ける。
④ ［ごく］を覚える。

56

① ［けつえき］の検査。
② 透明《とうめい》な［えきたい］。
③ ［えきか］ガス。
④ ［えきじょう］のぬり薬。

57

① ［にがおえ］。
② （にた）意味の言葉。
③ 赤い服が（にあう）。
④ 兄と性格《せいかく》が（にる）。

58

① ［ふくざつ］な問題。
② 友人と［ざつだん］をする。
③ ［ぞうきばやし］を歩く。
④ ［ざつおん］がうるさい。

59

① 毎朝の［しゅうかん］。
② 体を（ならす）。
③ 通い（なれた）道。
④ ［かんれい］にしたがう。

20日　紀・航・規・貿・格

紀 60

音 キ
訓 ―
部首 糸（いとへん）
意味 しるす。きまり。年代。

画数 9

・筆順どおりに書きなさい。
（とめる・うえにはねる）

―線の漢字の読み方を書きなさい。

① 二十一世紀。（　）
② 紀元前。（　）
③ 紀行文。（　）
④ 風紀。（　）

航 61

音 コウ
訓 ―
部首 舟（ふねへん）
意味 船で水の上をわたる。ひこうきで空をとぶ。

画数 10

・筆順どおりに書きなさい。
（はらう・はねる・みぎうえに・たてに・はらう・うえにはねる）

―線の漢字の読み方を書きなさい。

① 航海。（　）
② 欠航。（　）
③ 運航。（　）
④ 航空機。（　）

規 62

音 キ
訓 ―
部首 見（みる）
意味 決まり。

画数 11

・筆順どおりに書きなさい。
（うえにつきだす・とめる・うえにはねる）

―線の漢字の読み方を書きなさい。

① 三角定規。（　）
② 規則《そく》。（　）
③ 交通を規制する。（　）

貿 63

音 ボウ
訓 ―
部首 貝（かい・こがい）
意味 ものとものとをとりかえる。売り買いする。

画数 12

・筆順どおりに書きなさい。
（はねる・つきださない）

―線の漢字の読み方を書きなさい。

① 外国と貿易を行う。（　）
② 貿易商。（　）
③ 貿易港。（　）

格 64

音 カク・（コウ）
訓 ―
部首 木（きへん）
意味 決まり・地位。身分。組み合わせたもの。

画数 10

・筆順どおりに書きなさい。
（はらう・とめる・とめる）

―線の漢字の読み方を書きなさい。

① やさしい性格。（　）
② 規格。（　）
③ 体格がいい。（　）

知っとく　「形声《けいせい》文字《もじ》」とは？

意味の部分と音の部分からできている漢字を「形声文字」と言います。

たとえば、「格」は「各」の部分が「カク」という音を表し、「木」の部分が意味を表し、「細長い木を、たてよこに組み合わせたもの」という意味の漢字になります。

(例) 貨・課・型・粉《フン》・晴

書いてみよう

時間 20分【はやい15分・おそい25分】
合格 16問
正答　　/20問

60

① 二十一□□《せいき》。

② □□《きげん》二千年。

③ □□《ふうき》委員。

④ すぐれた□□□《きこうぶん》。

61

① 客船で世界を□□《こうかい》。

② □□□《こうくうき》の発着。

③ 太平洋□□《こうろ》。

④ 台風で□□《けっこう》する。

62

① 三角□□《じょうぎ》。

② □《き》則《そく》を守る。

③ □□《しんき》開店。

④ 交通を□□《きせい》する。

63

① □□□《ぼうえきこう》。

② □□□《ぼうえきしょう》を営む。

③ □□□《ぼうえきふう》がふく。

④ 外国と□□《ぼうえき》を行う。

64

① すなおな□□《せいかく》。

② □□《しかく》を取る。

③ □□《たいかく》がいい。

④ 試験に□□《ごうかく》する。

知っとく 「貿易」について

「貿易」は「貿」も「易」も「ものをとりかえる」という意味です。ただし、「易」は「エキ」と読む場合は「ものをとりかえる」、「イ」と読む場合は「たやすい」という意味になります。

また、「貿易」を「ボウイ」と読まないように注意します。

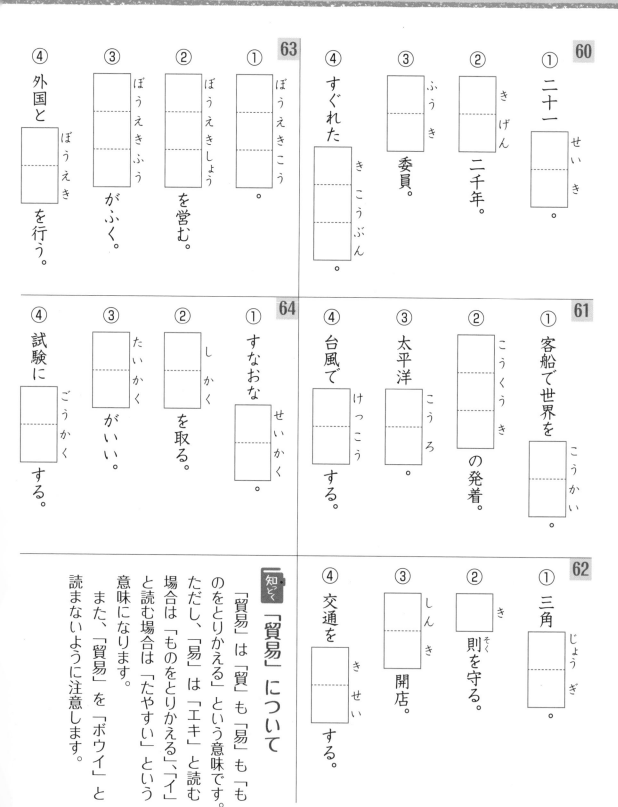

21日 喜・士・粉・象・囲

65 喜

画数 12

音 キ
訓 よろこぶ
部首 口(くち)
意味 よろこぶ。

・筆順どおりに書きなさい。

●――線の漢字の読み方を書きなさい。

① 喜劇《げき》。
② 喜色満面
③ 歓《かん》喜。
④ 喜びと悲しみ。

66 士

画数 3

音 シ
訓 ―
部首 士(さむらい)
意味 さむらい。男の人をうやまっていう言葉。

・筆順どおりに書きなさい。

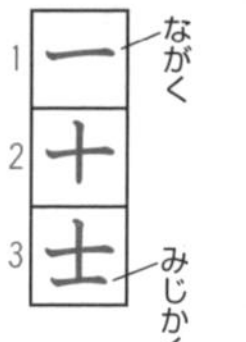

●――線の漢字の読み方を書きなさい。

① 勇士。
② 代議士。
③ 力士。
④ 士気。

67 粉

画数 10

音 フン
訓 こ・こな
部首 米(こめへん)
意味 細かくくだいたもの。

・筆順どおりに書きなさい。

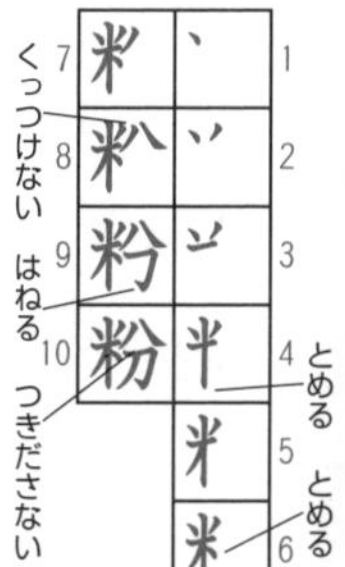

●――線の漢字の読み方を書きなさい。

① 花粉。
② 製粉工場。
③ 粉雪がまう。
④ パン粉。

68 象

画数 12

音 ショウ・ゾウ
訓 ―
部首 豕(ぶた・いのこ)
意味 物のすがた。形。かたどる。ようす。ぞう。

・筆順どおりに書きなさい。

●――線の漢字の読み方を書きなさい。

① 印象。
② 象の鼻。
③ 対象。
④ 気象。

69 囲

画数 7

音 イ
訓 かこむ・かこう
部首 囗(くにがまえ)
意味 取りまいてまわりをふさぐ。

・筆順どおりに書きなさい。

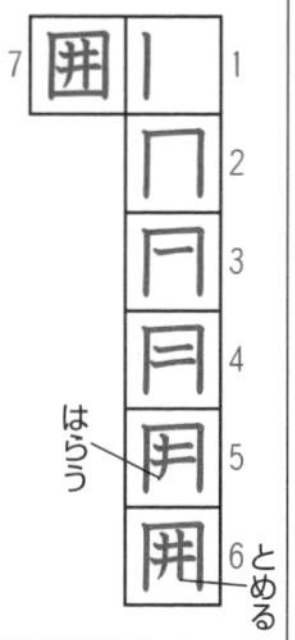

●――線の漢字の読み方を書きなさい。

① 囲む。
② 周囲。
③ 包囲。
④ 石で囲う。

知っとく 「象」は象形《しょうけい》文字《もじ》

ものの形をかたどって作った漢字を「象形文字」と言います。「象」は象のすがたをえがいた絵から作られた漢字なので、象形文字です。

他の象形文字として、次のものがあります。

(例) 雨・魚・児・老・衣

月　日

書いてみよう

時間 20分【はやい15分・おそい25分】
合格 16問
正答　／20問

65

① 共に（　　）《よろこぶ》。

② （　　）《よろこび》と悲しみ。

③ □《き》劇映画《げきえいが》。

④ 母の（　　）《よろこぶ》顔。

66

① □□《しき》を高める。

② □□《へいし》たちの行列。

③ 強い□□《りきし》。

④ 国会の代□□《ぎし》。

67

① □□《こなゆき》がまう。

② 黄色い□□《かふん》。

③ □□□《こむぎこ》を買う。

④ □□《こなぐすり》を飲む。

68

① 強い□□《いんしょう》。

② 長い鼻の□《ぞう》。

③ 四年生が□□《たいしょう》。

④ □□《きしょう》が変化する。

69

① 取り（　　）《かこむ》。

② まわりを（　　）《かこう》。

③ 池の□□《しゅうい》を歩く。

④ テストの範《はん》□《い》。

知っとく

漢字の筆順のきまり

「囲」の部首は「囗」（くにがまえ）です。

「くにがまえ」の漢字は、まず「冂」の部分を書き、次に中の部分「井」を書き、最後に「一」を書きます。

部首が「くにがまえ」の漢字として、次のものがあります。

（例）回・園・国・図・固

22日 復習テスト(5) 読み

月　日

時間 20分【はやい15分・おそい25分】
合格 80点（一つ4点）
得点　点

1 ——線の漢字の読み方を書きなさい。

① 喜劇《げき》を見る。
② よく似たデザイン。
③ 句読点を付ける。
④ 文句ばかり言う。
⑤ 二十世紀。
⑥ 航空機。
⑦ 原液をうすめる。
⑧ 複雑な色をした液体。

2 ——線の漢字の読み方を書きなさい。

① 習慣を身に付ける。
② 喜びの声。
③ 武士の生き方。
④ 学校の規則《そく》を守る。
⑤ 林間学校に慣れる。
⑥ 小麦粉を買う。
⑦ インド象を見る。
⑧ 三角定規を使う。

3 ——線の漢字の読み方を書きなさい。

① 良い効果が現れる。
② 世界の国と貿易する。
③ 立派《りっぱ》な体格。
④ 大軍に囲まれる。
⑤ 似た問題からやる。
⑥ この薬はよく効く。
⑦ 自分の性格を考える。
⑧ 周囲を見る。

復習テスト(5) 書き

月　日

時間 20分【はやい15分・おそい25分】　得点　点
合格 80点（一つ4点）

1 次の漢字を書きなさい。

① あれこれ□□《もんく》を言う。
② 水は□□《えきたい》だ。
③ □□《きこう》文を読む。
④ 友だちと□□《ざつだん》する。
⑤ 五・七・五の俳《はい》□《く》。
⑥ 体内を□□《けつえき》が流れる。
⑦ 父の□□□《にがおえ》。
⑧ 飛行の□□《こうろ》を確かめる。

2 次の漢字を書きなさい。

① □《き》劇《げき》を見る。
② 早起きに（　　）《なれて》くる。
③ □《き》則《そく》を守る。
④ □《こな》まみれになる。
⑤ □□《きしょう》を観測《かんそく》する。
⑥ □□《ごく》の意味を調べる。
⑦ □□《しゅうかん》が身に付く。
⑧ 三角□□《じょうぎ》を買う。

3 次の漢字を書きなさい。

① □□《こうりつ》よく勉強する。
② 海外と□□《ぼうえき》をする。
③ 入学試験に□□《ごうかく》する。
④ （　　）《かこみ》をとく。
⑤ かぜ薬が（　　）《きく》。
⑥ □□《かんようく》を使う。
⑦ □□《せいかく》が（　　）《にて》いる。
⑧ □□□《べんごし》にたのむ。

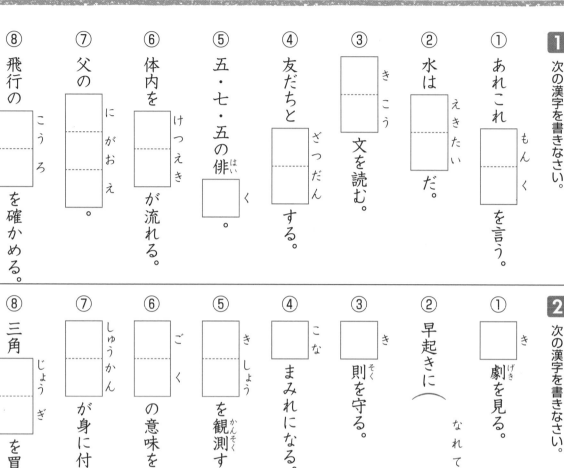

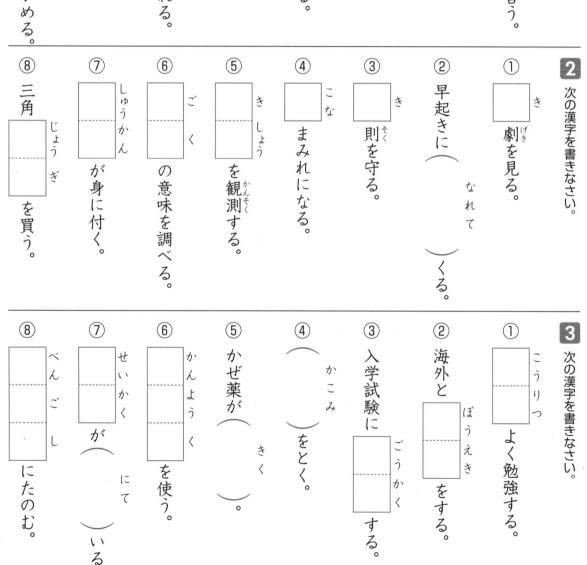

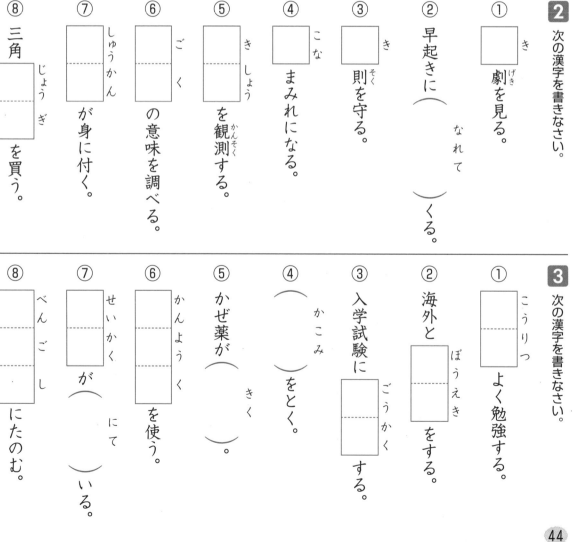

23日　技・保・額・修・旧・築

70 技

画数 7

音 ギ
訓 (わざ)
部首 扌(てへん)
意味 わざ。うでまえ。

●筆順どおりに書きなさい。（はねる・みぎうえに）

技

——線の漢字の読み方を書きなさい。

① 最新技術。(　　)　② 建築《けんちく》技師。(　　)
③ すばらしい演技だ。(　　)

71 保

画数 9

音 ホ
訓 たもつ
部首 亻(にんべん)
意味 たもつ。世話をする。うけあう。

●筆順どおりに書きなさい。（とめる・はらう）

保

——線の漢字の読み方を書きなさい。

① テレビの保証書。(　　)　② 安全を保つ。(　　)
③ 保護する。(　　)

72 額

画数 18

音 ガク
訓 ひたい
部首 頁(おおがい)
意味 かみの毛とまゆ毛の間。お金や品物の高。がく。

●筆順どおりに書きなさい。（たてに・とめる）

額

——線の漢字の読み方を書きなさい。

① 金額。(　　)　② 絵の額。(　　)
③ 額を合わせて相談する。(　　)

73 修

画数 10

音 シュウ・(シュ)
訓 おさめる・おさまる
部首 亻(にんべん)
意味 かざる。学問などを身につける。なおす。

●筆順どおりに書きなさい。（とめる・むきにちゅうい）

修

——線の漢字の読み方を書きなさい。

① 車の修理。(　　)　② 学を修める。(　　)
③ 修学旅行に行く。(　　)

74 旧

画数 5

音 キュウ
訓 —
部首 日(ひ)
意味 古い。むかし。もとの状態。

●筆順どおりに書きなさい。（とめる）

旧

——線の漢字の読み方を書きなさい。

① 復旧作業。(　　)　② 旧家。(　　)
③ 旧式の自動車。(　　)

75 築

画数 16

音 チク
訓 きずく
部首 ⺮(たけかんむり)
意味 土や石をもり上げて作る。きずく。

●筆順どおりに書きなさい。（うえにはねる・わすれずに・みぎうえに）

築

——線の漢字の読み方を書きなさい。

① 古代の建築物。(　　)　② 新築の家。(　　)
③ 土手を築く。(　　)

書いてみよう

月　日

時間 20分 【はやい15分・おそい25分】
合格 20問
正答 /24問

70

① 検査□□《ぎし》。

② □□《ぎじゅつ》を高める。

③ □□《ぎのう》をみがく。

④ みごとな□□《えんぎ》。

71

① □□□《ほごしゃ》。

② 安全を（　）《たもつ》。

③ 文化財《ぶんかざい》を□《ほ》存《ぞん》する。

④ テレビの□□□《ほしょうしょ》。

72

① □□《きんがく》を示す。

② □《ひたい》にしわを寄せる。

③ かべに□《がく》をかける。

④ □□《はんがく》の商品。

73

① □□《けんしゅう》を受ける。

② □□《しゅうがく》旅行。

③ 医学を（　）《おさめる》。

④ 家を□□《しゅうり》する。

74

① □□《ふっきゅう》作業。

② □□《きゅうか》の主人。

③ □□《きゅうしき》の自動車。

④ □□《しんきゅう》役員の会合。

75

① □□□《けんちくぶつ》。

② □□《しんちく》の家。

③ 土手を（　）《きずく》。

④ タワーを□□《こうちく》する。

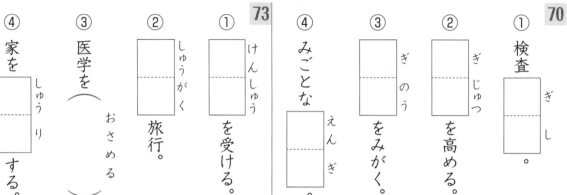

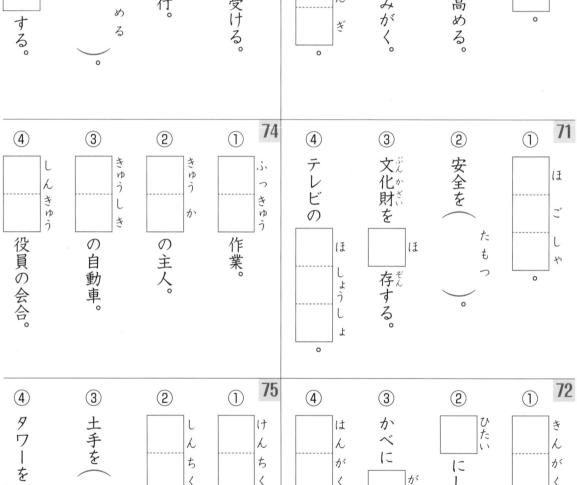

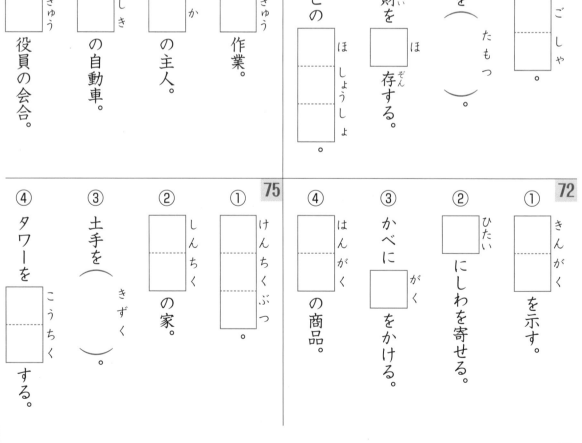

月　日

24日　禁・識・接・財・則・減

禁 76
画数 13

音 キン　訓 ―
部首 示（しめす）
意味 とめる。してはならないと決められていること。とじこめる。

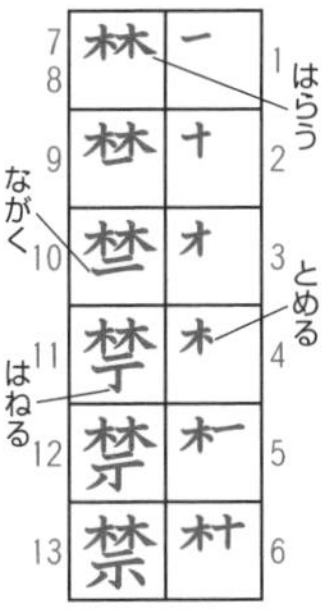

・筆順どおりに書きなさい。

―線の漢字の読み方を書きなさい。

① 外出を禁じる。（　）
② 使用禁止。（　）
③ 解禁する。（　）

識 77
画数 19

音 シキ　訓 ―
部首 言（ごんべん）
意味 ものごとを見分けて知る。考え。知り合い。しるし。

・筆順どおりに書きなさい。

―線の漢字の読み方を書きなさい。

① 知識。（　）
② 意識する。（　）
③ 常識がある。（　）
④ 識別する。（　）

接 78
画数 11

音 セツ　訓 （つぐ）
部首 扌（てへん）
意味 交わる。つなぎ合わす。会う。もてなす。

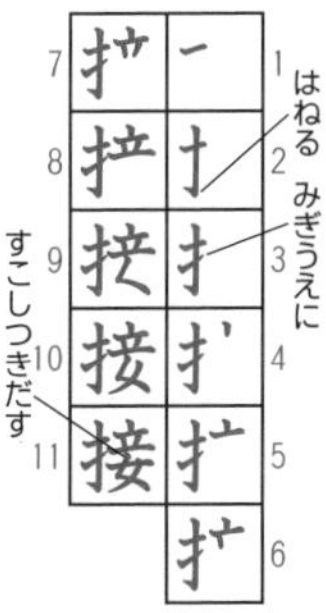

・筆順どおりに書きなさい。

―線の漢字の読み方を書きなさい。

① 接待する。（　）
② 接続する。（　）
③ 台風が接近する。（　）

財 79
画数 10

音 ザイ・（サイ）　訓 ―
部首 貝（かいへん）
意味 お金。たからもの。土地などねうちのあるもの。

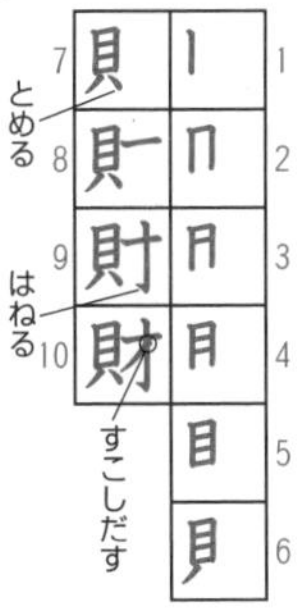

・筆順どおりに書きなさい。

―線の漢字の読み方を書きなさい。

① 財産。（　）
② 家財道具。（　）
③ 私《し》財を投げうつ。（　）

則 80
画数 9

音 ソク　訓 ―
部首 刂（りっとう）
意味 決まり。きそく。

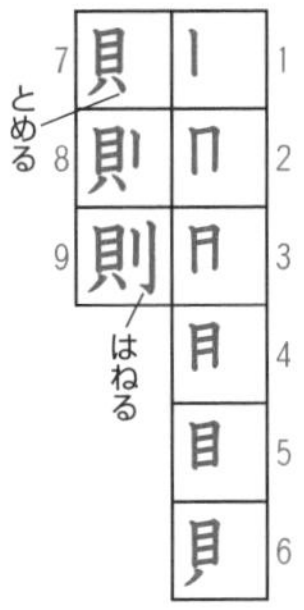

・筆順どおりに書きなさい。

―線の漢字の読み方を書きなさい。

① 規則を作る。（　）
② 校則。（　）
③ 原則を打ち出す。（　）

減 81
画数 12

音 ゲン　訓 へる・へらす
部首 氵（さんずい）
意味 少なくなる。とぼしくなる。ある数をへらすこと。

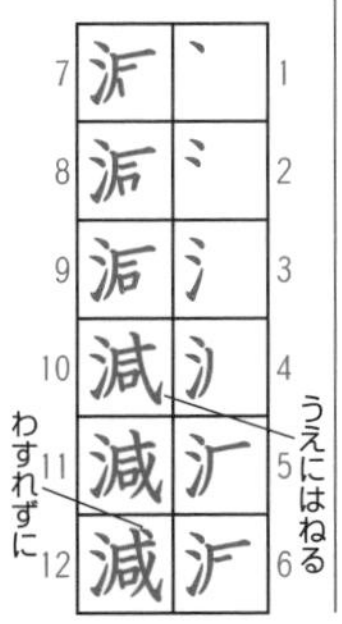

・筆順どおりに書きなさい。

―線の漢字の読み方を書きなさい。

① 塩加減。（　）
② 減点する。（　）
③ 家の財産を減らす。（　）

書いてみよう

月　日

時間 20分【はやい15分・おそい25分】

合格 20問

正答　／24問

76

① □□□《かいきんび》。

② 使用□□《きんし》のはり紙。

③ 外出を□《きん》じる。

④ 油断は□□《きんもつ》だ。

77

① 豊富な□□《ちしき》。

② 人の目を□□《いしき》する。

③ □□《じょうしき》のある人。

④ 道路の□□《ひょうしき》を見る。

78

① 予防□□《せっしゅ》。

② 管を□□《せつぞく》する。

③ 台風が□□《せっきん》する。

④ 客の□□《せったい》。

79

① 家の□□《ざいさん》。

② 私《し》□《ざい》を投げうつ。

③ □□《かざい》道具を運ぶ。

④ □《ざい》宝《ほう》のかくし場所。

80

① 児童会の□□《きそく》。

② □□□《へんそくてき》な方法。

③ 自然の□□《ほうそく》。

④ 生徒が□□《こうそく》を守る。

81

① 会員が（　　）《へる》。

② 湯の□□《かげん》がよい。

③ 人口の□□《ぞうげん》の調査。

④ 事故《じこ》が□□《げんしょう》する。

25日 費・救・賞・殺・得

費 82

画数 12

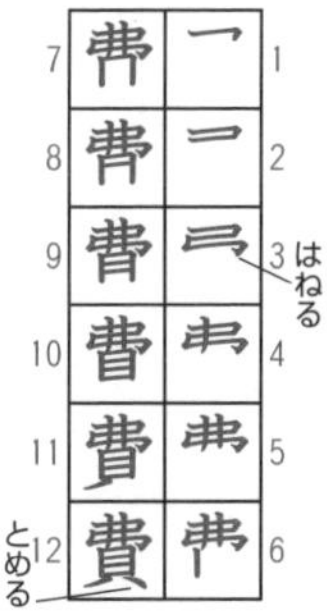

音 ヒ
訓 （ついやす）・（ついえる）
部首 貝（かい・こがい）
意味 使われるお金。使いへらす。

● 筆順どおりに書きなさい。

● ——線の漢字の読み方を書きなさい。

① 費用。（　　）
② 会費。（　　）
③ 消費。（　　）
④ 学費。（　　）

救 83

画数 11

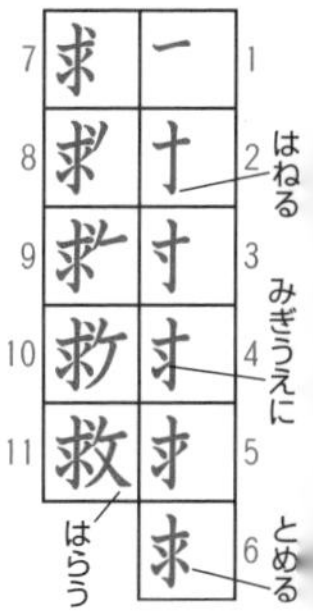

音 キュウ
訓 すくう
部首 攵（のぶん・ぼくづくり）
意味 こまっている人を助ける。

● 筆順どおりに書きなさい。

● ——線の漢字の読み方を書きなさい。

① 人命を救う。（　　）
② 救助隊。（　　）
③ 救急車。（　　）
④ 救出。（　　）

賞 84

画数 15

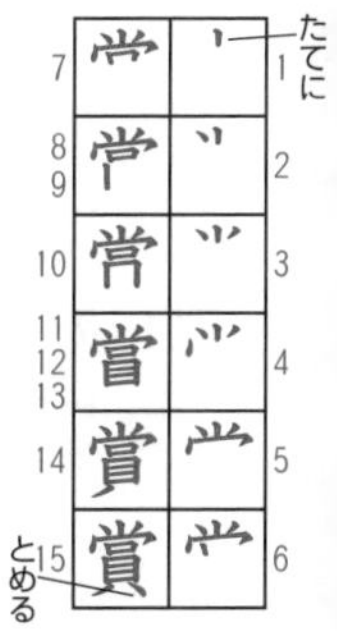

音 ショウ
訓 —
部首 貝（かい・こがい）
意味 ほめる。ほうび。

● 筆順どおりに書きなさい。

● ——線の漢字の読み方を書きなさい。

① 賞金。（　　）
② 銀賞。（　　）
③ 入賞。（　　）
④ 賞味期限。（　　）

殺 85

画数 10

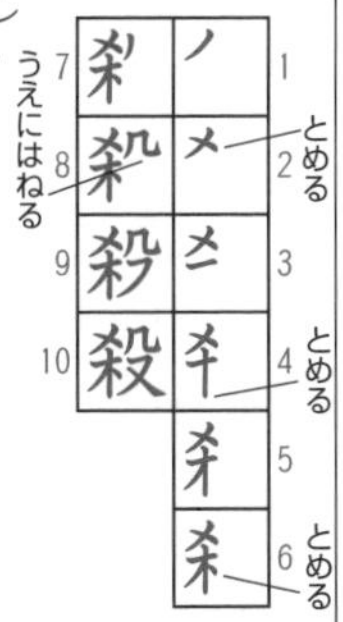

音 サツ・（サイ）・（セツ）
訓 ころす
部首 殳（るまた・ほこづくり）
意味 命をうばう。ころす。

● 筆順どおりに書きなさい。

● ——線の漢字の読み方を書きなさい。

① 息を殺す（　　）
② 殺虫剤《ざい》。（　　）
③ 殺人。（　　）
④ 殺菌《きん》。（　　）

得 86

画数 11

音 トク
訓 える・（うる）
部首 彳（ぎょうにんべん）
意味 自分のものにする。手に入れる。とくをする。

● 筆順どおりに書きなさい。

● ——線の漢字の読み方を書きなさい。

① 得意。（　　）
② 得票数。（　　）
③ 得点。（　　）
④ 利益を得る。（　　）

知っとく 部首の「貝」（かい・こがい）

「費」「賞」の部首は、「貝」です。部首が「貝」の漢字は、「お金」に関係する意味をもちます。昔の中国では、めずらしい貝がらをお金として使っていたと言われているからです。

「貝」（かいへん）も同じ意味をもち、この部首の漢字として、「貯」「財」などがあります。

書いてみよう

時間 20分 【はやい15分・おそい25分】
合格 16問
正答 ／20問

82

① □□《しょうひ》する。

② □□《がくひ》をためる。

③ □□《ひよう》がかかる。

④ パーティーの□□《かいひ》。

83

① □□□《きゅうきゅうばこ》。

② □□□《きゅうじょたい》の出動。

③ □□□《きゅうきゅうしゃ》をよぶ。

④ 火事から（　）《すくう》。

84

① □□□《いっとうしょう》。

② 音楽鑑《かん》□《しょう》をする。

③ 五位に□□《にゅうしょう》する。

④ □□《ぎんしょう》をもらう。

85

① 力を（　）《ころす》。

② □□《さっちゅう》剤《ざい》をまく。

③ 息を（　）《ころして》見る。

④ □□《さつじん》事件。

86

① 国語が□□《とくい》。

② 票を（　）《える》。

③ 先に□□《とくてん》をあげる。

④ 年間□□《しょとく》が多い。

知っとく　二字熟語《にじじゅくご》の意味

二字熟語の中には、下に「〜を」「〜に」にあたる漢字がくるものがあります。

このような熟語は、たとえば、「得票」（票を得る）、「着陸」（陸に着く）などのように考えることで、意味がつかみやすくなります。

85の②や**86**の③の熟語も、これと同じ組み立てになります。

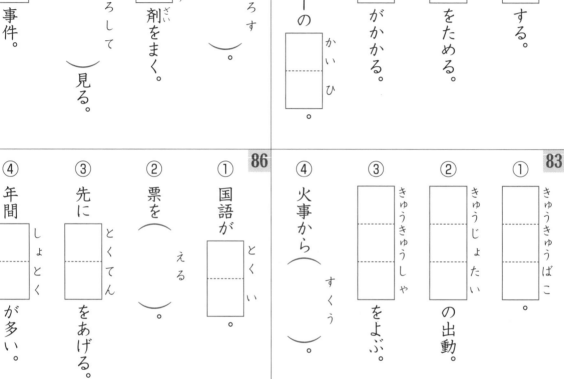

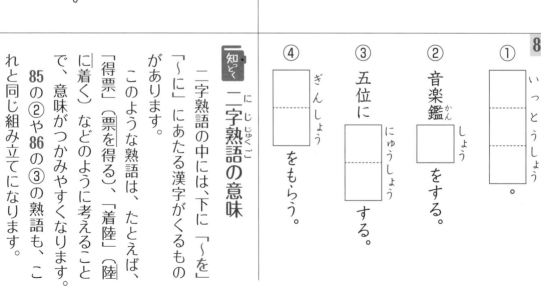

復習テスト(6) 読み

月　日

時間 20分 [はやい15分・おそい25分]
合格 80点 (一つ4点)
得点　点

1 ──線の漢字の読み方を書きなさい。

① 健康を保つひけつ。
② 額にあせをかく。
③ 学問を修める。
④ 旧　式の機械。
⑤ 修　学旅行。
⑥ 商品の金　額を示す。
⑦ 渡《わた》り鳥を保　護する。
⑧ 旧　家が立ちならぶ。

③同じ訓読みをする漢字に「治める」があるよ。

2 ──線の漢字の読み方を書きなさい。

① 常　識をわきまえる。
② 台風が接　近する。
③ 確かな地位を築く。
④ 寄り道を禁じる。
⑤ 家を新　築する。
⑥ 応　接　室に高価な額がある。
⑦ 消　費　税が上がる。
⑧ 救　急　車が来る。

3 ──線の漢字の読み方を書きなさい。

① 一　等　賞を取る。
② PTAの会　則。
③ 失敗して減　点される。
④ 球　技　大　会に出る。
⑤ 父の財　産をもらう。
⑥ 緑の山が減っていく。
⑦ 得　点を確かめる。
⑧ 殺　虫剤《ざい》を買う。

復習テスト(6) 書き

月　日

時間 20分【はやい15分・おそい25分】
合格 80点（一つ4点）
得点　点

1 次の漢字を書きなさい。

① 健康を（　　）《たもつ》ひけつ。

② 絵の入った□《がく》をかける。

③ 学問を（　　）《おさめる》。

④ □□《きゅうしき》の自動車。

⑤ 野鳥を□□《ほご》する。

⑥ □《ひたい》にあせをかく。

⑦ 自転車の□□《しゅうり》。

⑧ □□《きゅうか》の出身だ。

2 次の漢字を書きなさい。

① とりでを（　　）《きずく》。

② 孫の成長を（　　）《よろこぶ》。

③ 電気コードに□□《せつぞく》する。

④ □□《いしき》は確かだ。

⑤ 予防□□《せっしゅ》を受ける。

⑥ ダムの水が（　　）《へる》。

⑦ 父は設計□□《ぎし》だ。

⑧ 出入りを□□《きんし》する。

3 次の漢字を書きなさい。

① □□《ぎじゅつ》的な□□《ちしき》。

② □□《きそく》にしたがう。

③ □□□《べんごし》に任す。

④ 家を□□《しんちく》する。

⑤ □□《ざいさん》を増やす。

⑥ □□《かふん》が飛ぶ。

⑦ インド□《ぞう》を見る。

⑧ いい□□《かげん》に答える。

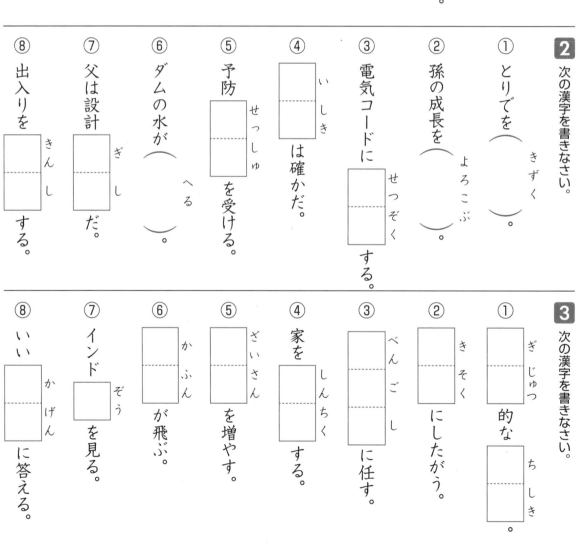

27日 故・精・興・混・程・仮

87 故

音 コ　訓 （ゆえ）

部首 攵（のぶん・ぼくづくり）

意味 古い。むかしの。死んだ人。出来事。わざと。

画数 9

つきだす

・筆順どおりに書きなさい。

故

――線の漢字の読み方を書きなさい。

① 故障《しょう》する。（　）

② 事故。（　）

③ 故国に帰る。（　）

④ 故人。（　）

88 精

音 セイ・（ショウ）　訓 ―

部首 米（こめへん）

意味 細かい。くわしい。たましい。まじりけのない。白くする。

画数 14

とめる　とめる　はねる

・筆順どおりに書きなさい。

精

――線の漢字の読み方を書きなさい。

① 精神力。（　）

② 森の精。（　）

③ 料金を精算する。（　）

89 興

音 コウ・キョウ　訓 （おこる）・（おこす）

部首 臼（うす）

意味 おとろえたものをさかんにする。おもしろみ。

画数 16

おって、したへ　さゆうにつきだす

・筆順どおりに書きなさい。

興

――線の漢字の読み方を書きなさい。

① 興味。（　）

② 町の復興。（　）

③ お家を再興する。（　）

90 混

音 コン　訓 まじる・まぜる・まざる・こむ

部首 氵（さんずい）

意味 まじる。まぜる。入りみだれる。

画数 11

みぎうえにはねる　うえにはねる

・筆順どおりに書きなさい。

混

――線の漢字の読み方を書きなさい。

① 混雑する。（　）

② 駅が混む。（　）

③ 絵の具を混ぜる。（　）

91 程

音 テイ　訓 （ほど）

部首 禾（のぎへん）

意味 ほど。度合い。決まり。道のり。時間のへだたり。

画数 12

とめる　とめる　ながく

・筆順どおりに書きなさい。

程

――線の漢字の読み方を書きなさい。

① 研究過程。（　）

② 日程。（　）

③ 音程を外す。（　）

④ 程度。（　）

92 仮

音 カ・（ケ）　訓 かり

部首 亻（にんべん）

意味 間に合わせ。かりの。かりに。にせ。

画数 6

はらう　はらう

・筆順どおりに書きなさい。

仮

――線の漢字の読み方を書きなさい。

① 服の仮ぬい。（　）

② 仮面。（　）

③ 仮説を立てる。（　）

月　日

時間 20分 【はやい15分・おそい25分】
合格 20問
正答 /24問

書いてみよう

87

① □□《こじ》成語。

② 交通□□《じこ》を防ぐ。

③ □□《こい》にたおす。

④ □□《こじん》をしのぶ。

88

① □□□《せいしんりょく》。

② 運賃《うんちん》を□□《せいさん》する。

③ 勉強に□《せい》を出す。

④ 教科書を□□《せいどく》する。

89

① □□《きょうみ》を持つ。

② 接戦に□《こう》奮《ふん》する。

③ 国の□□《さいこう》をはかる。

④ 町を□□《ふっこう》する。

90

① 駅が□□《こんざつ》する。

② 雑音が（　　）《まじる》。

③ 会場が（　　）《こむ》。

④ 電話が□□《こんせん》する。

91

① 旅行の□□《にってい》。

② 作業の□□《こうてい》。

③ ピアノの□□《おんてい》。

④ 研究の□□《かてい》を話す。

92

① □《かり》の住まい。

② 服の□《かり》ぬいをする。

③ □□《かせつ》テント。

④ □□《かめん》をかぶる。

28日　測・職・支・輸・銅・鉱

93　測

音　ソク
訓　はかる
部首　氵（さんずい）
意味　長さ、深さ、広さなどをはかる。おしはかる。

画数　12

・筆順どおりに書きなさい。
みぎうえに　とめる　はねる

——線の漢字の読み方を書きなさい。
① 深さを測る。
② 測量する。
③ 体重測定。
④ 目測。

94　職

音　ショク
訓　—
部首　耳（みみへん）
意味　つとめ。仕事。

画数　18

・筆順どおりに書きなさい。
みぎにつきだす　たてに　わすれずに

——線の漢字の読み方を書きなさい。
① 職場。
② 職人。
③ 自分に合った職業。

95　支

音　シ
訓　ささえる
部首　支（し）
意味　分ける。分かれる。ささえる。お金をはらう。

画数　4

・筆順どおりに書きなさい。
くっつけない　はらう

——線の漢字の読み方を書きなさい。
① 支持する。
② 支柱。
③ ぼうで支える。

96　輸

音　ユ
訓　—
部首　車（くるまへん）
意味　運ぶこと。送ること。

画数　16

・筆順どおりに書きなさい。
とめる　はねる　はねる

——線の漢字の読み方を書きなさい。
① 輸送する。
② 輸出。
③ 物資を空輸する。

97　銅

音　ドウ
訓　—
部首　金（かねへん）
意味　あかがね。あか。金属の一つ。

画数　14

・筆順どおりに書きなさい。
みぎうえに　とめる　はねる

——線の漢字の読み方を書きなさい。
① 十円銅貨。
② 銅線。
③ 銅像の除幕式《じょまくしき》。

98　鉱

音　コウ
訓　—
部首　金（かねへん）
意味　有用な金属をふくむ集合体。ほり出されたままの石。

画数　13

・筆順どおりに書きなさい。
たてに　みぎうえに

——線の漢字の読み方を書きなさい。
① 炭鉱。
② 鉱石。
③ 金の鉱脈。

月　日

書いてみよう

時間 20分【はやい15分・おそい25分】
合格 20問
正答 ／24問

93

① 深さを（　　）《はかる》。

② 体重□□《そくてい》。

③ 広さを□□《そくりょう》する。

④ □□《よそく》がつかない。

94

① 兄の□□《しょくば》。

② □□《しょくむ》につく。

③ □□《しょくにん》の仕事。

④ □□□《しょくいんしつ》へ行く。

95

① テントの□□《しちゅう》。

② 国民の□□《しじ》を得る。

③ 人気を（　　）《ささえる》。

④ 新聞社の□□《しきょく》。

96

① □□《ゆけつ》をする。

② 車を□□《ゆしゅつ》する。

③ 小麦を□□《くうゆ》する。

④ 物資を□□《ゆそう》する。

97

① 十円□□《どうか》。

② □□《せいどう》のつぼ。

③ □《どう》でできた板。

④ □□《どうぞう》の除幕式《じょまくしき》。

98

① □□《たんこう》で働く。

② □□□《てっこうせき》。

③ □□《こうざん》で銀をほる。

④ 金の□□《こうみゃく》の発見。

月　日

時間 20分【はやい15分・おそい25分】
合格 80点（一つ4点）
得点　　点

1 ――線の漢字の読み方を書きなさい。

① 車内が混みあう。
② 身体と精神。
③ 色を混ぜる。
④ 音程を外さない。
⑤ 絵に興味を持つ。
⑥ 町を復興する。
⑦ 車道が混雑する。
⑧ 文化の程度が高い。

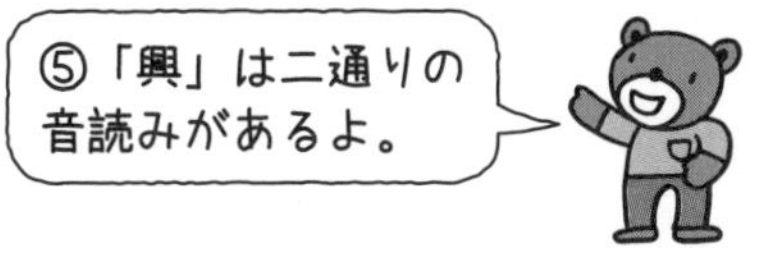

2 ――線の漢字の読み方を書きなさい。

① 仮に取り決めておく。
② 海の深さを測る。
③ 希望の職をさがす。
④ うでで支える。
⑤ 洋服の仮ぬいをする。
⑥ 体重を測定する。
⑦ 意見が支持される。
⑧ 父の職場。

3 ――線の漢字の読み方を書きなさい。

① 銅線でつなぐ。
② トラックで輸送する。
③ 鉱毒の害を受ける。
④ 自動車事故。
⑤ 精密《みつ》機械を輸出する。
⑥ 銅像を建てる。
⑦ 故郷《きょう》に帰る。
⑧ 炭鉱事故が起きる。

復習テスト(7) 書き

月　日

時間 20分【はやい15分・おそい25分】
合格 80点（一つ4点）
得点　　点

1 次の漢字を書きなさい。

① □□□《せいしんりょく》をきたえる。
② チームを□□《さいこう》させる。
③ 土に石が（　）《まじる》。
④ 結果より□□《かてい》が大切。
⑤ 料金を□□《せいさん》する。
⑥ □□《きょうみ》深い話。
⑦ 道路が□□《こんざつ》する。
⑧ 正しい□□《おんてい》で歌う。

2 次の漢字を書きなさい。

① 背《せ》たけを（　）《はかる》。
② 君の考えを□□《しじ》する。
③ □《かり》に住所を決める。
④ □□《しょくむ》をまっとうする。
⑤ あくまでも□□《かてい》の話だ。
⑥ 土地の広さを□□《そくりょう》する。
⑦ 心の（　）《ささえ》になる。
⑧ □《こ》郷《きょう》で□《しょく》をさがす。

3 次の漢字を書きなさい。

① 自動車を□□《ゆしゅつ》する。
② 十円□□《どうか》を集める。
③ □□《こうせき》を採掘《さいくつ》する。
④ 交通□□《じこ》を防ぐ。
⑤ 偉人《いじん》の□□《どうぞう》。
⑥ □□《くうゆ》便で運ぶ。
⑦ 金の□□《こうざん》を発見する。
⑧ 生前の□□《こじん》をしのぶ。

30日

まとめテスト(3)

読み

月　日

時間 20分【はやい15分・おそい25分】

合格 80点（一つ4点）

得点　点

1 ――線の漢字の読み方を書きなさい。

① よく効く薬だ。（　）

② 気体と液　体。（　）（　）

③ 水の深さを測る。（　）

④ 文に句　読　点を付ける。（　）

⑤ 学校生活に慣れる。（　）

⑥ 複　雑な気持ちになる。（　）

⑦ ここで航　空　便を保　管する。（　）（　）

⑧ 交通規　制を行う。（　）

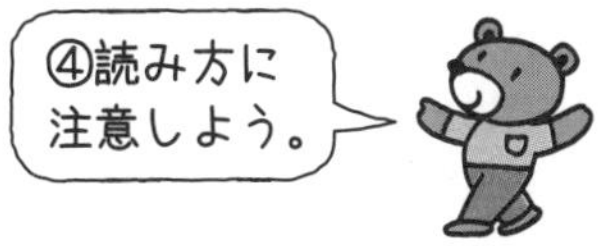

2 ――線の漢字の読み方を書きなさい。

① 貿　易をさかんにする。（　）

② 明るい性　格だ。（　）

③ 仮の住所を決める。（　）

④ 技　術がすぐれている。（　）

⑤ 鉱　物の名前を調べる。（　）

⑥ 全　額を現金ではらう。（　）

⑦ 学問を修める。（　）

⑧ 旧　校　舎を取りこわす。（　）

3 ――線の漢字の読み方を書きなさい。

① 家を増　築する。（　）

② 使用を禁　止する。（　）

③ 家計を支える。（　）

④ お客様を接　待する。（　）

⑤ 祖先の財　産を守る。（　）

⑥ 二つの色を混ぜる。（　）

⑦ 十点減　点される。（　）

⑧ 自動車事　故の防止。（　）

まとめテスト(3) 書き

月　日

時間 20分 【はやい15分・おそい25分】

合格 80点 (一つ4点)

得点　　点

1 次の漢字を書きなさい。

① 身体と□□《せいしん》。

② 英語に□□《きょうみ》を持つ。

③ □□□《にがおえ》をかく。

④ 結果より□□《かてい》が大事。

⑤ □□《かめん》をかぶる。

⑥ 身長を□□《そくてい》する。

⑦ □□《しょくぎょう》につく。

⑧ 収入《しゅうにゅう》と□□《ししゅつ》。

2 次の漢字を書きなさい。

① 自動車を□□《ゆしゅつ》する。

② □《どう》メダルにかがやく。

③ 品質を□□《ほしょう》する。

④ つりあいを（　　）《たもつ》。

⑤ 店内が□□《こんざつ》する。

⑥ □《ひたい》のあせをぬぐう。

⑦ □□□□《しゅうがくりょこう》。

⑧ 町を□□《ふっこう》させる。

3 次の漢字を書きなさい。

① 会の□□《きそく》を定める。

② □□□《しょうひぜい》が上がる。

③ 私《わたし》は父と（　　）《にて》いる。

④ □□《けんちく》の□□《ちしき》。

⑤ おなかが（　　）《へる》。

⑥ 屋根を（　　）《ささえる》柱。

⑦ □□□《こうくうき》を見る。

⑧ 練習の□□《こうか》があった。

月　日

進級テスト(1) 読み

時間 20分【はやい15分・おそい25分】

合格 80点（一つ4点）

得点　　点

1 次の熟語《じゅくご》の読み方を書きなさい。

① 保護者（　　）
② 消毒液（　　）
③ 講演会（　　）
④ 表賞式（　　）
⑤ 領海内（　　）
⑥ 過半数（　　）
⑦ 居住地（　　）
⑧ 競技会（　　）
⑨ 雑貨屋（　　）
⑩ 耕作地（　　）

2 ――線の漢字の読み方を書きなさい。

① この問題は易しい。（　　）
② 永いねむりにつく。（　　）
③ 父と過ごした時間。（　　）
④ 大雨で川が暴れる。（　　）
⑤ 喜ばしい知らせ。（　　）

3 次の反対語の読み方を書きなさい。（完答）

① 過去（　　）―未来（　　）
② 利益（　　）―損失（　　）
③ 任意（　　）―強制（　　）

4 ――線の漢字の読み方を書きなさい。

① 果物の品評会。（　　）
② 版画を売る商売。（　　）
③ 想像を絶する被害《ひがい》。（　　）
④ 道に迷う。（　　）
⑤ 先生のご指導。（　　）
⑥ 列車に接続する。（　　）
⑦ 毒にあたる。（　　）

進級テスト(1) 書き

月　日

時間 20分【はやい15分・おそい25分】　得点

合格 80点（一つ5点）　点

1 次の読み方にあたる漢字を書きなさい。

① セイカク
㋐ かれの□□はよい。
㋑ 文字を□□に書く。

② コウエン
㋐ 学者の□□を聞く。
㋑ □□を散歩する。

③ ヨウイ
㋐ 遠足の□□をする。
㋑ □□な仕事でない。

2 □の中に漢字を入れて、三字の熟語《じゅくご》を作りなさい。

① 鉄□石をさがす。
② 犯□者をつかまえる。
③ 新□線が開通する。
④ がんの特□薬。
⑤ 休□田を利用する。
⑥ 建□物を設計する。

3 次の漢字を書きなさい。

① □□□《せいしんりょく》。
② 自由を□□《せいげん》する。
③ □□《さかいめ》を示す。
④ 外国に□□《ゆしゅつ》する。
⑤ □□《たいど》を改める。
⑥ □□《じむ》の人に聞く。
⑦ □□《じょうしき》がなさすぎる。
⑧ □□《がんたい》をかける。

月　日

進級テスト(2) 読み

時間 20分【はやい15分・おそい25分】
合格 80点（一つ4点）
得点　　点

1 ――線の漢字の読み方を書きなさい。

① ㋐ 仮説を立てる。（　　）
㋑ 仮の名前。（　　）

② ㋐ 保険をかける。（　　）
㋑ 険しい表情。（　　）

③ ㋐ 肥料をまく。（　　）
㋑ 土が肥える。（　　）

④ ㋐ 効果音を入れる。（　　）
㋑ よく効く薬。（　　）

2 次の熟語《じゅくご》を組み合わせると四字熟語が四つできます。読み方を書きなさい。

登校	活動	交通	技師
事故	建築	政治	集団

（　　）（　　）（　　）（　　）

3 次の漢字の訓読みを書きなさい。

① 額（　　）
② 幹（　　）
③ 枝（　　）
④ 粉（　　）
⑤ 境（　　）

4 ――線の漢字の読み方を書きなさい。

① 絵の額をかける。（　　）
② 絵の具の色を混ぜる。（　　）
③ インド象を見る。（　　）
④ 紀 行 文を書く。（　　）
⑤ かれが悪いと責める。（　　）
⑥ 乗りこし料金を精　算する。（　　）
⑦ 応 接 室に入る。（　　）
⑧ 体重を測　定する。（　　）

進級テスト(2) 書き

月　日

時間 20分【はやい15分・おそい25分】
合格 80点（一つ4点）
得点　点

1 次の□の中に漢字を入れて、反対語を作りなさい。（完答）

① 許□ ⇔ □止
② 安□ ⇔ 危《き》□
③ 増□ ⇔ □少
④ 理□ ⇔ 感□
⑤ □久 ⇔ 一□
⑥ □立 ⇔ 着□
⑦ □産 ⇔ 消□
⑧ □中 ⇔ 分□
⑨ 子□ ⇔ □先
⑩ □害 ⇔ 利□

2 次の漢字と似た意味の漢字を下から選んで、熟語《じゅくご》を作りなさい。

① □容
② □害
③ □焼《しょう》
④ 通□
⑤ 建□
⑥ □界
⑦ □助

燃　過　許　災　救　境　築

3 次の漢字を書きなさい。

① □□□（じきゅうりょく）がある。
② □□（しゅうがく）旅行に行く。
③ 同じ□□（すいじゅん）を保つ。
④ 二つを□□（たいひ）する。
⑤ □□（けつえき）が流れる。
⑥ □□（せいせき）が上がる。
⑦ □□（ぼうげん）をはく。
⑧ 未来に□□（ぜつぼう）する。

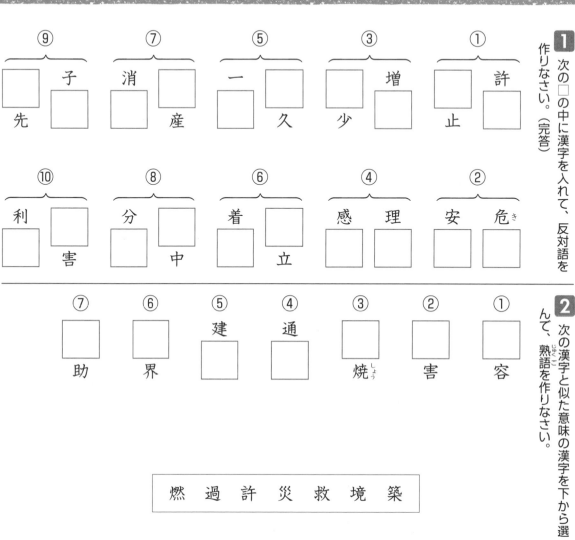

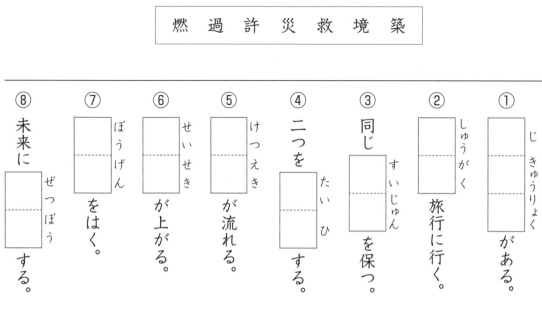

読み

進級テスト(3)

月　日

時間 20分【はやい15分・おそい25分】

合格 80点（一つ4点）

得点　　点

1 ——線の漢字の読み方を書きなさい。

① ㋐ 牛肉を輸入する。（　　）
　 ㋑ 車輪をとりかえる。（　　）

② ㋐ 規約を定める。（　　）
　 ㋑ 現在地を確かめる。（　　）

③ ㋐ 記述問題を解く。（　　）
　 ㋑ ゲームで逆転する。（　　）

④ ㋐ 総合的な学習。（　　）
　 ㋑ 形式を統一する。（　　）

2 同じ読み方の熟語《じゅくご》を——線で結びなさい。

① 習慣・　　・㋐ 事態

② 自体・　　・㋑ 意志

③ 指示・　　・㋒ 心情

④ 医師・　　・㋓ 週間

⑤ 信条・　　・㋔ 支持

3 次の四字熟語の読み方を書きなさい。

① 絶体絶命（　　）

② 自画自賛（　　）

③ 暴飲暴食（　　）

④ 無病息災（　　）

4 ——線の漢字の読み方を書きなさい。

① 久しぶりに会う。（　　）

② 親子で顔が似ている。（　　）

③ 大きな城を築く。（　　）

④ 雑務に追われる。（　　）

⑤ 小麦粉を買う。（　　）

⑥ 仮の話をする。（　　）

⑦ 飲食は禁止です。（　　）

⑧ 安静を保つ。（　　）

月　日

進級テスト(3)　書き

時間 20分【はやい15分・おそい25分】
合格 80点（一つ4点）
得点　点

1 次の漢字と反対の意味の漢字を下から選んで、熟語《じゅくご》を作りなさい。

① 新□
② □得
③ 悲□
④ 増□
⑤ 単□
⑥ □受
⑦ 収《しゅう》□

減　損　旧　支　喜　授　複

2 次の部首と下の漢字を組み合わせてできる漢字を書きなさい。

① 頁　㋐ 令……□　㋑ 川……□
② 貝　㋐ 代……□　㋑ 加……□
③ 金　㋐ 広……□　㋑ 同……□
④ 糸　㋐ 色……□　㋑ 責……□
⑤ 氵　㋐ 夜……□　㋑ 則……□

3 次の漢字を書きなさい。

① 行楽地は車で（こむ）。
② □□《かくりつ》が高い。
③ 結論《けつろん》を（みちびく）。
④ □□《さがく》をしはらう。
⑤ 畑に□□《ひりょう》をまく。
⑥ □□《かんじょう》に流される。
⑦ 友人に心を（ゆるす）。
⑧ 自分の意見を（のべる）。

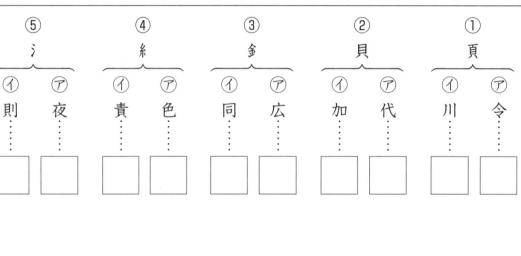

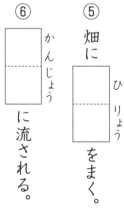

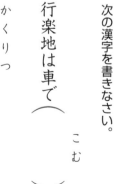

進級テスト(4) 読み

時間	20分 【はやい15分・おそい25分】	得点
合格	80点 （一つ5点）	点

月　日

1 ——線の漢字の読み方を書きなさい。（完答）

① ㋐ 興味（　　） ㋑ 興行（　　）

② ㋐ 雑貨屋（　　） ㋑ 雑木林（　　）

③ ㋐ 武士（　　） ㋑ 武者（　　）

④ ㋐ 安易（　　） ㋑ 交易（　　）

2 次の漢字の読み方を、例にならって送りがなもふくめて書きなさい。（完答）

例 曲（まがる）（まげる）

① 減（　　）（　　）

② 慣（　　）（　　）

③ 修（　　）（　　）

3 ——線の漢字の読み方を書きなさい。

① 眼鏡（　　）をかける。

② 河原（　　）で遊ぶ。

③ 迷子（　　）になる。

4 ——線の漢字の読み方を書きなさい。

① 会員に限（　　）ったサービス。

② 罪（　　）をつぐなう。

③ 銅（　　）でできた器《うつわ》。

④ 大軍に包囲（　　）される。

⑤ 文句（　　）ばかり言う。

⑥ 格式（　　）の高い家。

⑦ 基準（　　）にするものを決める。

⑧ 印象（　　）を語る。

⑨ 祖国（　　）に帰る。

⑩ これは旧式（　　）の機械だ。

進級テスト(4) 書き

月　日

時間 20分【はやい15分・おそい25分】
合格 80点（一つ4点）
得点　点

1 次の読み方の漢字を□に書きなさい。

① せき　㋐ □任者　㋑ 成□表　㋒ □雪

② そく　㋐ 法□　㋑ 身体□定　㋒ □面

③ けん　㋐ □査　㋑ 保□証　㋒ 試□

2 次の□にあてはまる漢字を書いて、ことわざ・慣用句《かんようく》を完成させなさい。

① のどもと□ぎれば熱さ忘《わす》れる

② □けは人のためならず

③ ねこの□

④ 鬼《おに》の□ぬ間にせんたく

⑤ □をくらわば皿まで

⑥ 習うより□れよ

⑦ 花より□□

⑧ □た者夫婦《ふうふ》

3 次の漢字を書きなさい。

① 通信が□□《こんせん》する。

② 家族を（ささえる）。

③ 平常心を（たもつ）。

④ □□《ひれい》の関係にある。

⑤ □□《さいがい》に備える。

⑥ □□《れきし》を学ぶ。

⑦ 末（ながく）お幸せに。

⑧ 新しい城を（きずく）。

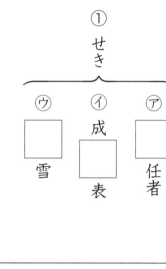

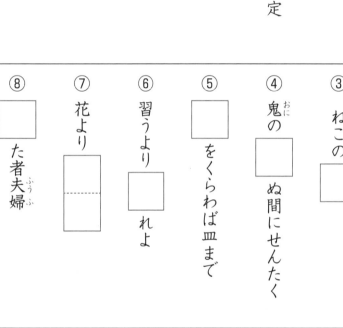

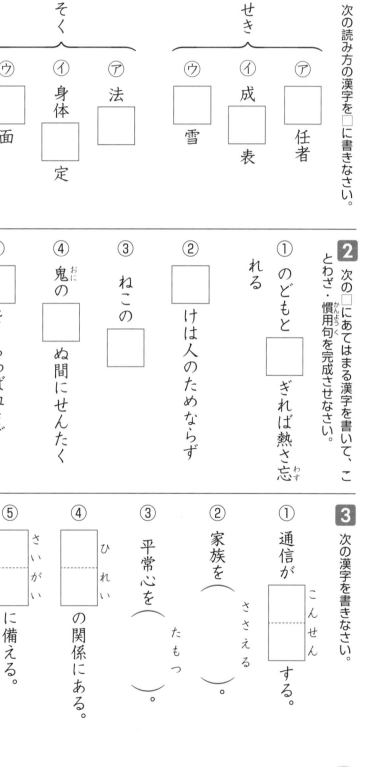

進級テスト(5) 読み

月　日

時間 20分 【はやい15分・おそい25分】
合格 80点 （一つ4点）
得点　点

1 次の反対になる言葉の読み方を書きなさい。（完答）

① ㋐ 貸す（　） ㋑ 借りる（　）
② ㋐ 減る（　） ㋑ 増える（　）
③ ㋐ 燃やす（　） ㋑ 消す（　）
④ ㋐ 責める（　） ㋑ 許す（　）

2 ――線の漢字の読み方を書きなさい。

① 率いる（　）
② 喜ぶ（　）
③ 述べる（　）
④ 比べる（　）
⑤ 導く（　）
⑥ 険しい（　）

3 同じ音読みの漢字を――線で結びなさい。

① 応・　・㋐ 挙
② 貿・　・㋑ 鉱
③ 賀・　・㋒ 往
④ 居・　・㋓ 芽
⑤ 講・　・㋔ 望

4 ――線の漢字の読み方を書きなさい。

① 効力を発揮《はっき》する。（　）
② 畑を耕す。（　）
③ 財産を残す。（　）
④ 太い柱で支える。（　）
⑤ 兄は求職活動中だ。（　）
⑥ 校則を守る。（　）
⑦ 動物の進化の過程。（　）
⑧ 常識的に考える。（　）
⑨ 新しく出版された本。（　）
⑩ 部屋に自画像をかざる。（　）

進級テスト(5) 書き

月　日

時間 20分 【はやい15分・おそい25分】
合格 80点（一つ4点）
得点　点

1 次の□にあてはまる漢字を書きなさい。

① □《こな》まみれになる
② 手に□《しょく》をつける
③ □《かた》破り
④ □《せい》が出る
⑤ □《とく》をする
⑥ 口が□《へ》らない
⑦ 目が□《こ》える
⑧ 二の□《く》がつげない

2 同じ訓読みの言葉を、漢字と送りがなで書きなさい。

① きく
㋐ 薬が（　　）
㋑ 話を（　　）

② つとめる
㋐ 解決に（　　）
㋑ 会長を（　　）

③ こたえる
㋐ 問題に（　　）
㋑ 期待に（　　）

④ はかる
㋐ 高さを（　　）
㋑ 重さを（　　）
㋒ 時間を（　　）

3 次の漢字を書きなさい。

① 笑顔《えがお》を（　　）《たやさ》ない。
② □□《にってい》を確かめる。
③ □□《はんにん》をつかまえる。
④ □□《りりつ》が高い。
⑤ 男女□□《こんごう》リレー。
⑥ 子役の□□《えんぎ》に感動する。
⑦ □□《ちょくせつ》会って話す。
⑧ 新しい□□《こうし》を招く。

解答

漢字4級

1ページ

1 ①ちょきん ②じょしょう
③じょうやく ④はいふ ⑤あ
⑥しょうにん ⑦あらわ ⑧げんいん

2 ①こすう・たし ②せいしつ
③きふきん ④こうしゃ ⑤まか
⑥のうりょく ⑦つま ⑧ていしゅつ

3 ①えいせい ②いどう ③つ ④てまね
⑤しゅふ ⑥わた ⑦りゃく ⑧へ

2ページ

1 ①往復 ②豊か ③統一 ④志す
⑤非常 ⑥定価 ⑦示す ⑧弁護

2 ①点検 ②事件 ③解答・略
④再び ⑤厚い ⑥飼育 ⑦原因
⑧調査

3 ①主張 ②出現 ③朝刊 ④増加
⑤素質 ⑥平均 ⑦設ける ⑧所属

3ページ

1 ①てきせつ ②ま ③あつ ④けんさ
⑤かんこう ⑥にんめい ⑦ぎり
⑧あま

2 ①さいど・ことわ ②あつりょく
③しいく ④じょう ⑤あ ⑥おうらい
⑦か ⑧うつ

3 ①ぼち ②は ③ふさい ④へんしゅう
⑤ぜいきん ⑥まず ⑦でんとう
⑧しじ

4ページ

1 ①衛星 ②製品 ③移す ④感謝
⑤貧しい ⑥可能 ⑦手術 ⑧報告

2 ①白状 ②妻 ③張る
④制度 ⑤独立 ⑥造花 ⑦性
⑧在校生

3 ①編む ②寄る ③潔白・証明 ④個
⑤設計 ⑥逆 ⑦予備 ⑧再会

5ページ

1 ①ふくろ ②せっち ③ぬの・やぶ
④きんとう ⑤しりょう ⑥ようき
⑦じっさい ⑧しょぞく

2 ①さんみ ②せいど ③しっそ
④きほん ⑤つく ⑥そな
⑦じゅぎょう ⑧けいけん

3 ①ほうこく ②こばん ③びん
④せいけつ ⑤せいかく ⑥びじゅつ
⑦ようご ⑧ほうふ

6ページ

1 ①墓 ②賛成 ③提出 ④美容院
⑤消費税 ⑥独り ⑦神経 ⑧招く

2 ①牛舎 ②婦 ③布・織る ④正義
⑤増える ⑥資 ⑦断る ⑧条約

3 ①判定 ②防ぐ ③綿 ④採る ⑤学歴
⑥寄付 ⑦本堂 ⑧適当

7ページ

1 ①しどう ②どうにゅう ③みちび
④どうかせん

2 ①かんじょう ②なさ ③じじょう
④じょうねつ

3 ①こっきょう(くにざかい) ②さかいめ
③しんきょう ④ぎゃっきょう

4 ①れきし ②しじょうはつ ③せかいし
④しじつ

5 ①かさい ②ぼうさい ③さいがい

6 ①りえき ②えきちゅう ③むえき

8ページ

1 ①導く ②指導 ③導火線 ④導入

2 ①感情 ②情け ③事情 ④情熱

3 ①国境 ②境目 ③心境 ④逆境

4 ①歴史 ②史上 ③史 ④史

5 ①防災 ②災害 ③火災 ④天災

6 ①利益 ②益虫 ③無益 ④有益

チェックポイント 「情」は「忄(りっしんべん)」の筆順に注意します。また訓読みの送りがなの「け」を忘れないようにします。「境」は「𡈽(つちへん)」です。「扌(てへん)」とまちがえないようにします。

9ページ

7 ①きょじゅうち ②しんきょ ③い ④いま

8 ①せきにん ②せ ③じゅうせき

9 ①じゅんび ②ひょうじゅん ③じゅんけっしょう ④きじゅん

10 ①ていでん ②ていしゃ ③ていしせん ④ていりゅうじょ

11 ①ふく ②ふくすう ③ふくしゃ ④ふくせん

12 ①しんかんせん ②みき ③かんぶ

10ページ

7 ①居住地 ②居る ③新居 ④居

8 ①責任 ②責める ③自責 ④重責

9 ①準備 ②標準 ③準決勝 ④水準

10 ①停車 ②停電 ③停止 ④停留所

11 ①複 ②複数 ③複写 ④複線

12 ①新幹線 ②幹 ③幹部 ④幹事

チェックポイント 「複」は「衤(ころもへん)」の筆順に注意し、四画目の点を忘れないようにします。

11ページ

1 ①れきし ②じゅんけっしょう ③せ ④ふくしゃ ⑤てい ⑥じゅんきゅう ⑦ぶんせき ⑧ふく・じじょう

2 ①こっきょう(くにざかい) ②かんじょう ③かんぶ ④しどう ⑤みき ⑥さかいめ ⑦みちび ⑧なさ

3 ①がくれき ②さいがい ③りえき ④きょじゅうち ⑤ていでん ⑥かさい ⑦むえき ⑧い

12ページ

1 ①準備 ②歴史 ③責める ④複製 ⑤準決勝 ⑥新幹線 ⑦停電 ⑧複写

2 ①幹・居る ②導入 ③情報 ④国境 ⑤導か ⑥責任 ⑦情け ⑧境目

3 ①感情 ②天災 ③益虫 ④住居 ⑤停止 ⑥防災 ⑦利益 ⑧居

13ページ

13 ①えだ ②えだまめ ③えだ

14 ①か ②か ③か

15 ①ひょうか ②ひょうばん ③こうひょう ④ふひょう

16 ①ぼうふうう ②ぼうりょく ③あば ④ぼうげん

17 ①だいとうりょう ②ほんりょう ③りょうち ④おうりょう

18 ①せいふ ②せいじか ③かせいふ

14ページ

13 ①枝 ②枝 ③枝豆 ④枝先

14 ①貸す ②貸し ③貸す ④貸し

15 ①評判 ②評価 ③好評 ④品評会

16 ①暴風雨 ②暴力 ③暴れる ④暴言

17 ①大統領 ②本領 ③要領 ④領地

18 ①政府 ②行政 ③家政婦 ④政治家

チェックポイント 「貸」は四画目をはね、五画目の点を忘れないようにします。「暴」は十二画目から十五画目が「水」のようにならないように注意します。「政」は五画目を右上の方向に書き、八画目は七画目の真ん中あたりから書きます。

15ページ

19 ①きょか ②ゆる ③とっきょ

20 ①ぼくし ②きょうし ③いし ④りょうし

21 ①そうぞう ②ぶつぞう ③げんぞう
22 ①がんか ②ちゃくがんてん ③めがね
④がんぜん
23 ①しゅっぱん ②もくはんが
③しゃしんばん
24 ①の ②じゅつご ③こうじゅつ

16ページ

19 ①許す ②許可 ③許す ④特許
20 ①牧師 ②教師 ③美容師 ④医師
21 ①仏像 ②想像 ③自画像 ④像
22 ①着眼点 ②眼前 ③眼科 ④肉眼
23 ①出版 ②版画 ③図版 ④活版
24 ①述べる ②口述 ③述語 ④記述

チェックポイント 「許」は最後の十一画目を上につき出さないように注意します。「師」は十画目を上につき出さないように注意します。「像」は形の取りにくい字です。十画目は丸みをつけて書きます。またよくにた字「象」と書きまちがえないようにします。「眼」は「目(め)」が「目」にならないよう注意します。「版」は三画目を二画目より少し右に出し、四画目は折って止めます。「述」は五画目の点を忘れないように書きます。同じ音読みの「術」とまちがえやすいので注意します。

17ページ

1 ①しゅっぱん ②ぞう ③りょうち ④あば ⑤そうぞう ⑥きじゅつ ⑦がんたい ⑧ひょうか・の
2 ①えだ ②か ③はんが ④ひょうばん ⑤きょうし ⑥ひんぴょうかい ⑦か ⑧えだまめ
3 ①いし ②きょか ③せいじか ④ゆる ⑤ぼうりょく ⑥がんか ⑦せいふ ⑧りょう

18ページ

1 ①想像力 ②教師 ③出版 ④複眼 ⑤述べる ⑥眼前 ⑦述語 ⑧木版画
2 ①貸す ②枝葉 ③仏像 ④評価 ⑤枝 ⑥評判 ⑦貸し ⑧牧師
3 ①師 ②領 ③政府 ④暴れる ⑤許可 ⑥政治 ⑦暴力・許さ ⑧領地

19ページ

1 ①きょか ②せいじ・せきにん ③じゅん ④ぶつぞう ⑤しゅっぱんしゃ ⑥がんぜん ⑦どうにゅう ⑧か
2 ①せいふ ②じゅつご ③い ④かさい ⑤じょうほう ⑥ぎゃっきょう ⑦なさ ⑧えきちょう
3 ①いし ②ふくしゃ ③みき ④えだ ⑤りょうち ⑥しりょう ⑦あば ⑧ひょうか

20ページ

1 ①導く ②愛情 ③評判 ④述べる ⑤領土 ⑥暴れる ⑦想像 ⑧眼科
2 ①停電 ②居住 ③木版画 ④導入 ⑤災害 ⑥許さ ⑦心境 ⑧情け
3 ①責める ②教師 ③幹事 ④複・感情 ⑤政治 ⑥暴力 ⑦貸す ⑧許可

21ページ

25 ①だんたい ②しゅうだん ③だんけつ
26 ①こうぎ ②こうしゅう ③こうし
27 ①しゅつえん ②えんげいかい
③えんぜつ
28 ①つと ②ぎょうむ ③がいむ
④しょうどく
29 ①しょくちゅうどく ②どく ③どく
30 ①むしゃ ②ぶき ③ぶし

22ページ

25 ①団体 ②集団 ③団結 ④楽団
26 ①講習会 ②講義 ③講師 ④講和
27 ①演芸会 ②演説 ③講演 ④出演
28 ①事務員 ②務める ③業務 ④務まる
29 ①食中毒 ②毒薬 ③毒 ④消毒

30 ①文武 ②武者 ③武士 ④武器

チェックポイント 「講」は八画目以降の筆順に注意します。またよくにた字「構」と書きまちがえないようにします。「務」は四画目と五画目の筆順が逆になりやすいので注意します。「武」は八画目の点を忘れずに書きます。

23ページ

31 ①そこく ②そぼ ③そせん
32 ①せいせき ②じっせき ③こうせき
33 ①おおがた ②てんけいてき ③かたがみ ④がた
34 ①さんみゃく ②どうみゃく ③みゃく ④すいみゃく
35 ①えいえん ②すえなが ③えいじゅう
36 ①ひさ ②えいきゅうし ③じきゅうりょく ④ひさびさ

24ページ

31 ①祖国 ②祖母 ③先祖 ④祖先
32 ①成績 ②業績 ③功績 ④実績
33 ①小型 ②大型 ③原型 ④型
34 ①山脈 ②動脈 ③文脈 ④脈
35 ①永い ②永遠 ③永住 ④永世
36 ①永久歯 ②久しく ③久 ④持久力

チェックポイント 「績」はよくにた字「積」と書きまちがえないように注意します。「永」は二画目を曲げて下におろしはねます。よくにた字「水」と書きまちがえないように注意します。

25ページ

1 ①ゆうどく ②じっせき ③えいえん ④かたやぶ ⑤さんみゃく ⑥すえなが ⑦がくだん・えん ⑧けい
2 ①えん ②こうぎ ③ひさ ④だんたい ⑤だんご ⑥えいきゅう ⑦しゅつえん ⑧こうえん
3 ①つと ②そふ ③みゃく ④ぶし ⑤せんぞ ⑥がいむだいじん ⑦むしゃ ⑧どく

26ページ

1 ①久し ②毒 ③永 ④績 ⑤永遠 ⑥新型 ⑦永久 ⑧典型的
2 ①演 ②講習会 ③成績 ④団 ⑤山脈 ⑥団子 ⑦原型 ⑧講義
3 ①業務 ②武器 ③食中毒 ④祖母 ⑤務め ⑥脈 ⑦先祖・武士 ⑧武力

27ページ

37 ①ぜったい ②た ③ぜっけい
38 ①まよ ②まいご ③まよ
39 ①けわ ②けん ③けん
40 ①も ②ねんりょう ③も ④さいねん
41 ①かこ ②つうか ③す

28ページ

37 ①絶える ②絶対 ③絶つ ④絶好
38 ①迷う ②迷う ③迷子 ④迷い
39 ①険しい ②険しい ③険 ④険
40 ①燃やす ②燃料 ③燃える ④不燃
41 ①過去 ②通過 ③過ぎる ④過ごす

チェックポイント 「険」は「阝(こざとへん)」の筆順に注意します。また同じ音読みの「検」と書きまちがえないようにします。「燃」は八画目と十二画目の点を書き忘れないように注意します。「過」は送りがなを「過る」「過す」と書かないように注意します。

29ページ

42 ①げんかい ②さいだいげん ③かぎ ④せいげん
43 ①つみ ②しゃざい ③ざいにん
44 ①はんざい ②ぼうはん ③はんにん
45 ①そんがい ②はそん ③そん
46 ①くら ②ひじゅう ③ひれい
47 ①ひき ②だりつ ③えんしゅうりつ

30ページ

42 ①限界 ②最大限 ③限る ④無限
43 ①謝罪 ②罪 ③罪人 ④無罪
44 ①犯罪 ②犯行 ③犯人 ④防犯
45 ①破損 ②損害 ③損得 ④損
46 ①比例 ②比類 ③比重 ④比べる
47 ①率いる ②倍率 ③確率 ④能率

チェックポイント 「限」は四画目以降の筆順に注意し、九画目ははらいます。「罪」は六画目以降の筆順に注意します。「犯」は「犭（けものへん）」の筆順に注意し、三画目は二画目の右側につき出さないように書きます。「比」は二画目をまっすぐおろして左から右へ書き、三画目は左にはらいます。「率」は三画目以降の筆順がまちがえやすいので注意します。またよくにた字「卒」と書きまちがえないようにします。

31ページ

48 ①そうで ②そうじんこう ③そうかい
49 ①こた ②おうとう ③てきおう
50 ①ようい ②やさ ③えき
51 ①じったい ②せいたい ③たいど ④じたい
52 ①たがや ②のうこう ③こうち
53 ①ひりょう ②こ ③ひまん

32ページ

48 ①総合 ②総動員 ③総会 ④総力
49 ①応える ②応答 ③適応 ④応急
50 ①易 ②容易 ③易しい ④易者
51 ①実態 ②態度 ③生態 ④状態
52 ①耕す ②耕地 ③耕作 ④農耕
53 ①肥料 ②肥 ③肥える ④肥満体

チェックポイント 「易」は五画目以降の筆順に注意し、「昜」のように横ぼうを書かないようにします。「肥」は五画目以降の筆順に注意します。訓読みでは、名詞は「こえ」、動詞は「こ-える」となるので注意します。

33ページ

1 ①はんざい ②まいご ③た ④くら ⑤も ⑥そんがい ⑦けん ⑧た
2 ①ひりつ ②そうで ③ぜったい・まよ ④やさ ⑤ひき ⑥おうよう ⑦さいだいげん ⑧えき
3 ①ひりょう ②つうか ③こうさく ④ねんりょう ⑤こた ⑥じょうたい ⑦す ⑧たがや

34ページ

1 ①犯罪 ②絶やす ③絶対 ④比重 ⑤限り ⑥過ぎ ⑦損害 ⑧比べる
2 ①確率 ②迷う ③険・険しい ④過去 ⑤燃やす ⑥率いる ⑦応じ ⑧総合計
3 ①耕す ②態度 ③肥えた ④無限 ⑤燃料 ⑥生態 ⑦迷子 ⑧容易

35ページ

1 ①こ ②そんがい ③ぶし ④えき ⑤ちからくら ⑥だりつ ⑦じょうたい ⑧けわ
2 ①ぜったい ②そうぜい・ひき ③せいせき ④ねんりょう ⑤ひさ ⑥だんたい ⑦かこ ⑧はんざい
3 ①こうさく ②なが ③こうえん ④がいむだいじん ⑤ゆうどく ⑥そこく ⑦えいえん ⑧かたやぶ

36ページ

1 ①限り ②山脈 ③犯人 ④確率 ⑤総合 ⑥脈 ⑦永久 ⑧型
2 ①選手団 ②過去 ③損 ④耕す ⑤易しい ⑥険 ⑦罪 ⑧迷う
3 ①肥料 ②過ぎる ③応対 ④祖先 ⑤状態・見比べる ⑥絶え ⑦講演 ⑧師

37ページ

54 ①こうか ②き ③とっこう

55 ①もんく ②く ③くとうてん
④せっく
56 ①えきたい ②けつえき ③えき
57 ①に ②にがおえ ③にあ
58 ①ふくざつ ②ざつだん
③ぞうきばやし ④ざつよう
59 ①しゅうかん ②な ③かんれい

38ページ

54 ①効能 ②効く ③有効 ④効果
55 ①句 ②文句 ③句読点 ④語句
56 ①血液 ②液体 ③液化 ④液状
57 ①似顔絵 ②似た ③似合う ④似る
58 ①複雑 ②雑談 ③雑木林 ④雑音
59 ①習慣 ②慣らす ③慣れた ④慣例

チェックポイント 「効」は六画目を止めます。「似」は五画目の点を忘れないように注意します。「慣」は「毌」が「毋」にならないように注意します。

39ページ

60 ①せいき ②きげんぜん ③きこうぶん
④ふうき
61 ①こうかい ②けっこう ③うんこう
④こうくうき
62 ①じょうぎ ②き ③きせい

63 ①ぼうえき ②ぼうえきしょう
③ぼうえきこう
64 ①せいかく ②きかく ③たいかく

40ページ

60 ①世紀 ②紀元 ③風紀 ④紀行文
61 ①航海 ②航空機 ③航路 ④欠航
62 ①定規 ②規 ③新規 ④規制
63 ①貿易港 ②貿易商 ③貿易風 ④貿易
64 ①性格 ②資格 ③体格 ④合格

チェックポイント 「貿」は四画目をはね、五画目は上をつき出さないように書きます。

41ページ

65 ①き ②きしょく ③き ④よろこ
66 ①ゆうし ②だいぎし ③りきし
④しき
67 ①かふん ②せいふん ③こなゆき
④こ
68 ①いんしょう ②ぞう ③たいしょう
④きしょう
69 ①かこ ②しゅうい ③ほうい ④かこ

42ページ

65 ①喜ぶ ②喜び ③喜 ④喜ぶ
66 ①士気 ②兵士 ③力士 ④議士
67 ①粉雪 ②花粉 ③小麦粉 ④粉薬

68 ①印象 ②象 ③対象 ④気象
69 ①囲む ②囲う ③周囲 ④囲

43ページ

1 ①き ②に ③くとうてん ④もんく
⑤き ⑥こうくうき ⑦げんえき
⑧ふくざつ・えきたい
2 ①しゅうかん ②よろこ ③ぶし ④き
⑤な ⑥こむぎこ ⑦ぞう ⑧じょうぎ
3 ①こうか ②ぼうえき ③たいかく
④かこ ⑤に ⑥き ⑦せいかく
⑧しゅうい

44ページ

1 ①文句 ②液体 ③紀行 ④雑談 ⑤句
⑥血液 ⑦似顔絵 ⑧航路
2 ①喜 ②慣れて ③規 ④粉 ⑤気象
⑥語句 ⑦習慣 ⑧定規
3 ①効率 ②貿易 ③合格 ④囲み
⑤効く ⑥慣用句 ⑦性格・似て
⑧弁護士

45ページ

70 ①ぎじゅつ ②ぎし ③えんぎ
71 ①ほしょうしょ ②たも ③ほご
72 ①きんがく ②がく ③ひたい
73 ①しゅうり ②おさ
③しゅうがくりょこう

解答

74 ①ふっきゅう ②きゅうか
③きゅうしき
75 ①けんちくぶつ ②しんちく ③きず

46ページ

70 ①技師 ②技術 ③技能 ④演技
71 ①保護者 ②保つ ③保 ④保証書
72 ①金額 ②額 ③額 ④半額
73 ①研修 ②修学 ③修める ④修理
74 ①復旧 ②旧家 ③旧式 ④新旧
75 ①建築物 ②新築 ③築く ④構築

チェックポイント 「技」はよく似た字「枝」と書きまちがえないように注意します。「修」は三画目のたてぼうを忘れないようにし、八画目から十画目は向きに注意して書きます。「築」は九画目を右上に向けて書き、十二画目の点を忘れないようにします。

47ページ

76 ①きん ②きんし ③かいきん
77 ①ちしき ②いしき ③じょうしき
④しきべつ
78 ①せったい ②せつぞく ③せっきん
79 ①ざいさん ②かざい ③ざい
80 ①きそく ②こうそく ③げんそく
81 ①しおかげん ②げんてん ③へ

48ページ

76 ①解禁日 ②禁止 ③禁 ④禁物
77 ①知識 ②意識 ③常識 ④標識
78 ①接種 ②接続 ③接近 ④接待
79 ①財産 ②財 ③家財 ④財
80 ①規則 ②変則的 ③法則 ④校則
81 ①減る ②加減 ③増減 ④減少

チェックポイント 「識」は十二画目を長く書き、十九画目の点を忘れないようにします。またよく似た字「織」とまちがえやすいので注意します。「接」では十画目が十一画目の上に少し出るように書きます。「財」は十画目が九画目の少し右側に出るように書きます。「減」は十二画目の点を忘れないように注意します。

49ページ

82 ①ひよう ②かいひ ③しょうひ
④がくひ
83 ①すく ②きゅうじょたい
③きゅうきゅうしゃ ④きゅうしゅつ
84 ①しょうきん ②ぎんしょう
③にゅうしょう ④しょうみ
85 ①ころ ②さっちゅう ③さつじん
④さっ
86 ①とくい ②とくひょうすう
③とくてん ④え

50ページ

82 ①消費 ②学費 ③費用 ④会費
83 ①救急箱 ②救助隊 ③救急車 ④救う
84 ①一等賞 ②賞 ③入賞 ④銀賞
85 ①殺す ②殺虫 ③殺して ④殺人
86 ①得意 ②得る ③得点 ④所得

51ページ

1 ①たも ②ひたい ③おさ
④きゅうしき ⑤しゅうがく
⑥きんがく ⑦ほご ⑧きゅうか
2 ①じょうしき ②せっきん ③きず
④きん ⑤しんちく
⑥おうせつしつ・がく ⑦しょうひぜい
⑧きゅうきゅうしゃ
3 ①いっとうしょう ②かいそく
③げんてん ④きゅうぎたいかい
⑤ざいさん ⑥へ ⑦とくてん
⑧さっちゅう

52ページ

1 ①保つ ②額 ③修める ④旧式
⑤保護 ⑥額 ⑦修理 ⑧旧家
2 ①築く ②喜ぶ ③接続 ④意識
⑤接種 ⑥減る ⑦技師 ⑧禁止
3 ①技術・知識 ②規則 ③弁護士

④新築　⑤財産　⑥花粉　⑦象　⑧加減

53ページ

87　①こ　②じこ　③ここく　④こじん
88　①せいしんりょく　②せい　③せいさん
89　①きょうみ　②ふっこう　③さいこう
90　①こんざつ　②こ　③ま
91　①かてい　②にってい　③おんてい　④ていど
92　①かり　②かめん　③かせつ

54ページ

87　①故事　②事故　③故意　④故人
88　①精神力　②精算　③精　④精読
89　①興味　②興　③再興　④復興
90　①混雑　②混じる　③混む　④混線
91　①日程　②工程　③音程　④過程
92　①仮　②仮　③仮設　④仮面

チェックポイント

「精」は同じ音読みでよく似た字「晴」「清」があるので、書き分けられるようにしておきます。「興」は十一画目は折って下へおろし、十四画目は長く左右につき出します。たいへん書きにくい字なので何度も書いて覚えます。「仮」は三画目と四画目の筆順が逆にならないように注意します。

55ページ

93　①はか　②そくりょう　③そくてい　④もくそく
94　①しょくば　②しょくにん　③しょくぎょう
95　①しじ　②しちゅう　③ささ
96　①ゆそう　②ゆしゅつ　③くうゆ
97　①どうか　②どうせん　③どうぞう
98　①たんこう　②こうせき　③こうみゃく

56ページ

93　①測る　②測定　③測量　④予測
94　①職場　②職務　③職人　④職員室
95　①支柱　②支持　③支える　④支局
96　①輸血　②輸出　③空輸　④輸送
97　①銅貨　②青銅　③銅　④銅像
98　①炭鉱　②鉄鉱石　③鉱山　④鉱脈

チェックポイント

「測」は同じ音読みでよく似た字「側」「則」と書きまちがえないように注意します。「職」は十一画目を長く書き、十八画目の点を忘れないようにします。すでに学習した「識」「織」とまちがえないように注意します。「輸」はよく似た字「輪」とまちがえないように注意します。「銅」「鉱」とも「金（かねへん）」の八画目は右上に向けて書きます。

57ページ

1　①こ　②せいしん　③ま　④おんてい　⑤きょうみ　⑥ふっこう　⑦こんざつ　⑧ていど
2　①かり　②はか　③しょく　④ささ　⑤かり　⑥そくてい　⑦しじ　⑧しょくば
3　①どうせん　②ゆそう　③こうどく　④じこ　⑤せい・ゆしゅつ　⑥どうぞう　⑦こ　⑧たんこう

58ページ

1　①精神力　②再興　③混じる　④過程　⑤精算　⑥興味　⑦混雑　⑧音程
2　①測る　②支持　③仮　④職務　⑤仮定　⑥測量　⑦支え　⑧故・職
3　①輸出　②銅貨　③鉱石　④事故　⑤銅像　⑥空輸　⑦鉱山　⑧故人

59ページ

1　①き　②えきたい　③はか　④くとうてん　⑤な　⑥ふくざつ　⑦こうくうびん・ほかん　⑧きせい
2　①ぼうえき　②せいかく　③かり　④ぎじゅつ　⑤こうぶつ　⑥ぜんがく　⑦おさ　⑧きゅうこうしゃ
3　①ぞうちく　②きんし　③ささ

④せったい ⑤ざいさん ⑥ま
⑦げんてん ⑧じこ

60ページ

1 ①精神 ②興味 ③似顔絵 ④過程
⑤仮面 ⑥測定 ⑦職業 ⑧支出

2 ①輸出 ②銅 ③保証 ④保つ
⑤混雑 ⑥額 ⑦修学旅行 ⑧復興

3 ①規則 ②消費税 ③似て
④建築・知識 ⑤減る ⑥支える
⑦航空機 ⑧効果

61ページ

1 ①ほごしゃ ②しょうどくえき
③こうえんかい ④ひょうしょうしき
⑤りょうかいない ⑥かはんすう
⑦きょじゅうち ⑧きょうぎかい
⑨ざっかや ⑩こうさくち

2 ①やさ ②なが ③す ④あば
⑤よろこ

3 ①かこ・みらい ②りえき・そんしつ
③にんい・きょうせい

4 ①ひんぴょうかい ②はんが
③そうぞう ④まよ ⑤しどう
⑥せつぞく ⑦どく

62ページ

1 ①㋐性格 ㋑正確 ②㋐講演 ㋑公園
③㋐用意 ㋑容易

2 ①鉱 ②罪 ③幹 ④効 ⑤耕
⑥築(造)

3 ①精神力 ②制限 ③境目 ④輸出
⑤態度 ⑥事務 ⑦常識 ⑧眼帯

63ページ

1 ①㋐か ㋑かり ②㋐けん ㋑けわ
③㋐ひ ㋑こ ④㋐こう ㋑き

2 (順不同)
しゅうだんとうこう・せいじかつどう・
こうつうじこ・けんちくぎし

3 ①ひたい ②みき ③えだ ④こな・こ
⑤さかい

4 ①がく ②ま ③ぞう ④きこうぶん
⑤せ ⑥せいさん ⑦おうせつしつ
⑧そくてい

64ページ

1 ①可・禁 ②険・全 ③加(大)・減
④性・情 ⑤永・時 ⑥起・席
⑦生・費 ⑧集・散 ⑨孫・祖
⑩損・益

2 ①許 ②災 ③燃 ④過 ⑤築 ⑥境
⑦救

3 ①持久力 ②修学 ③水準 ④対比
⑤血液 ⑥成績 ⑦暴言 ⑧絶望

65ページ

1 ①㋐ゆ ㋑りん ②㋐き ㋑げん
③㋐じゅつ ㋑ぎゃく
④㋐そう ㋑とう

2 ①―㋓ ②―㋐ ③―㋔ ④―㋑
⑤―㋒

3 ①ぜったいぜつめい ②じがじさん
③ぼういんぼうしょく
④むびょうそくさい

4 ①ひさ ②に ③きず ④ざつむ
⑤こむぎこ ⑥かり ⑦きんし ⑧たも

66ページ

1 ①旧 ②損 ③喜 ④減 ⑤複 ⑥授
⑦支

2 ①㋐領 ㋑順 ②㋐貸 ㋑賀
③㋐鉱 ㋑銅 ④㋐絶 ㋑績
⑤㋐液 ㋑測

3 ①混む ②確率 ③導く ④差額
⑤肥料 ⑥感情 ⑦許す ⑧述べる

67ページ

1 ①㋐きょう ㋑こう ②㋐ざっ ㋑ぞう
③㋐ぶ ㋑む ④㋐い ㋑えき

2 ①へる・へらす
②なれる・ならす
③おさまる・おさめる

3 ①めがね ②かわら ③まいご
4 ①かぎ ②つみ ③どう ④ほうい
⑤もんく ⑥かくしき ⑦きじゅん
⑧いんしょう ⑨そこく ⑩きゅうしき

68ページ

1 ①㋐責 ㋑績 ㋒積
②㋐則 ㋑測 ㋒側
③㋐検 ㋑険 ㋒験
2 ①過 ②情 ③額 ④居 ⑤毒 ⑥慣
⑦団子 ⑧似
3 ①混線 ②支える ③保つ ④比例
⑤災害 ⑥歴史 ⑦永く ⑧築く

69ページ

1 ①㋐か ㋑か ②㋐へ ㋑ふ
③㋐も ㋑け ④㋐せ ㋑ゆる
2 ①ひき ②よろこ ③の ④くら
⑤みちび ⑥けわ
3 ①—㋒ ②—㋔ ③—㋓ ④—㋐
⑤—㋑
4 ①こうりょく ②たがや ③ざいさん
④ささ ⑤きゅうしょく ⑥こうそく
⑦かてい ⑧じょうしきてき
⑨しゅっぱん ⑩じがぞう

70ページ

1 ①粉 ②職 ③型 ④精 ⑤得 ⑥減
⑦肥 ⑧句
2 ①㋐効く ㋑聞く
②㋐努める ㋑務める
③㋐答える ㋑応える
④㋐測る ㋑量る ㋒計る
3 ①絶やさ ②日程 ③犯人 ④利率
⑤混合 ⑥演技 ⑦直接 ⑧講師